心理学の世界　基礎編　11

感情心理学

感情研究の基礎とその展開

今田純雄・中村　真・古満伊里 共著

培風館

本書の無断複写は，著作権法上での例外を除き，禁じられています。
本書を複写される場合は，その都度当社の許諾を得てください。

「心理学の世界」へのご案内

このシリーズ 35 巻は，現代人の心理学に対するさまざまな期待や要望に，できるだけきめ細かく，適切に応えようとして企画されたものです。

現代の社会は複雑かつ急速に変化するようになり，いわゆるバーチャル空間の影響も加わって，人心のあり方がこれまでになく多様化し，相互理解が難しくなってきています。予想もしなかったような事故や犯罪が続発するようになって，誰もが人間の心のはたらき方に，疑問や関心を抱かざるをえなくなってきた感があります。

一方，そうした疑問・関心になんらかの答えを用意すべき心理学はというと，過去 1 世紀のあいだに多様な領域に分化して発展しており，その成果を適切なバランスで把握することが，非常に難しくなっています。関心を抱く人々の側の要求も予備知識も多様であることを考え合わせ，このシリーズでは，ねらいの異なる 3 つのグループに区分けして，編集することにしました。

第 1 のグループは「教養編」5 巻です。これは心理学というのはどんな学問か，とにかく気楽に，楽しく勉強してみたいと考えている読者を対象に，心理学の興味深い側面を紹介して，より組織的な学習への橋渡しをしようとするグループです。

1. 心理学の切り口	森正義彦 編著／藤永 保・海保博之・ 松原達哉・織田正美・繁桝算男 著
2. 認知と学習の心理学	海保博之 著
3. 発達と教育の心理学	麻生 武 著
4. 人間関係の心理学	齊藤 勇 著
5. パーソナリティと臨床の心理学	杉浦義典・丹野義彦 著

第2のグループは「基礎編」12巻です。これは学部レベルで開講される各種心理学の講義の受講者，心理学関係の資格試験を受験しようとする学習者を対象に，各分野の代表的な理論的・経験的研究を適度の詳しさで解説するグループです。心理学の標準的な領域・知識を網羅し，各種心理学試験の受験に必要となる大学学部レベルの基礎学力を養成することを，主目標としています。

1.	**心理学研究法**	森正義彦・篠原弘章 著
2.	**学習心理学**	森 敏昭・岡 直樹・中條和光 著
3.	**認知心理学**	太田信夫・邑本俊亮・永井淳一 著
4.	**知覚心理学**	佐藤隆夫 著
5.	**発達心理学**	無藤 隆・若本純子・小保方晶子 著
6.	**教育心理学**	新井邦二郎・濱口佳和・佐藤 純 著
7.	**社会心理学**	堀毛一也・竹村和久・小川一美 著
8.	**臨床心理学**	鑢 幹八郎・川畑直人 著
9.	**パーソナリティ心理学**	杉山憲司・松田英子 著
10.	**組織心理学**	古川久敬 著
11.	**感情心理学**	今田純雄・中村 真・古満伊里 著
12.	**生理心理学**	堀 忠雄 著

第3のグループは「専門編」18巻です。これは基礎知識を習得した上で，より専門的知識を深めようとする心理学専攻の学部学生や大学院生，ひととおりの予備知識を背景に，興味を抱いた分野のより高度な知識を得ようとする一般読者を対象に，最新の研究成果や特化したテーマについての詳細な知識を紹介するシリーズです。

1.	**健康心理学**	織田正美・津田 彰・橋本 空 著
2.	**老年心理学**	原 千恵子・中島智子 著
3.	**カウンセリング心理学**	松原達哉・松原由枝・宮崎圭子 著
4.	**犯罪心理学**	大渕憲一 著
5.	**ジェンダーの心理学**	鈴木淳子・柏木惠子 著

「心理学の世界」へのご案内 iii

6. 産業心理学　宮城まり子 著
7. リスクの心理学　土田昭司・中村隆宏・元吉忠寛 著
8. スポーツ心理学　中込四郎・山本裕二・伊藤豊彦 著
9. 文化心理学　増田貴彦・山岸俊男 著
10. 進化心理学　平石 界 著
11. 経済心理学　竹村和久 著
12. 法と倫理の心理学　仲 真紀子 著
13. アセスメントの心理学　橋本忠行・佐々木玲仁・島田 修 著
14. 計量心理学　岡本安晴 著
15. 心理統計学　繁桝算男・大森拓哉・橋本貴充 著
16. 数理心理学　吉野諒三・千野直仁・山岸侯彦 著
17. 神経心理学　河内十郎 著
18. 遺伝と環境の心理学　安藤寿康 著

　現在，日本の心理学界では，心理学関係の各種資格制度をより信頼性の高いものに改変しようと検討を重ねています。このような折，本シリーズは，

① これまでの心理学研究の主要な成果をまとめること
② 心理学という視点からいまという時代をとらえること
③ 時代の要請や問題に応え，未来に向けての示唆・指針を提供すること

をめざすものです。

　これらの目標を「質とまとまりのよさ」という点からも満足できる水準で達成するために，各分野で定評のある代表的な研究者に執筆を依頼するとともに，各書目ごとの執筆者数をできるだけ抑える方針を採用しました。さらに，監修者会議を頻繁に開き，各巻の執筆者とのコミュニケーションを密にして，シリーズ全体としてのバランスと統合性にも配慮しました。

この心理学書シリーズが，より多くの読者に親しまれ，関心と期待に応える形で結晶することを，心から願っております。また，このシリーズの企画実現に機会をくださった，培風館の山本 格社長をはじめ同社編集部のみなさん，なかんずく企画から編集・校正など出版に至る過程の実質的なプロモーターとしてご尽力くださった小林弘昌氏に，紙面を借りて厚く御礼申し上げます。

監修者

森正 義彦　　松原 達哉

織田 正美　　繁桝 算男

は じ め に

　心理学が研究対象にしている「こころ」は，私たちが日常的に使っている言葉で言い換えるなら「気持ち」，「感じ(られるもの)」となります。感情心理学は，このような「こころ」に対する興味関心を掻き立て，「こころ」に対するさまざまな疑問に答えようとする心理学の一研究分野です。はらわたが煮えくりかえるような激情から静穏で安らいだ気分まで，私たちの生活は感情抜きには成立しません。私たちは感情とともに生きていると言えるでしょう。果たして感情はどのようにして生まれ，どのような役割を果たしているのでしょうか。

　本書は，これまでに心理学領域でおこなわれてきた感情研究の成果を簡潔にまとめ，その要点をできるだけ平易な言葉で説明することを試みました。1章では本書全体の導入を意図し，感情の諸側面とその役割について説明します。2章および3章では，心理学研究の枠組みの中で，感情がどのように取り上げられてきたか，感情研究がどのように推移してきたかを説明します。4章から6章では，それぞれの章ごとに焦点を絞り，より詳細な感情研究を紹介します。

　4章のテーマは「認知」です。考えることと感じることが，互いにどのように関係しているのか，どのような影響を与え合っているのかという問題を取り上げています。5章のテーマは「文脈」です。ここでは，感情理解に文脈がいかに重要な位置を占めるかという指

v

摘から，社会的排斥の問題解決に向けた教育プログラムの提案まで
をおこなっています。感情の応用研究の一例とも言えるものです。
6章のテーマは「身体」です。身体の動きと感情との関係に関する
数多くの実証的研究を紹介しています。さらに ASD（自閉症スペク
トラム障害）や統合失調症の理解と治療につながる話題も提供して
います。

　感情は古くて新しい研究テーマと言えるでしょう。心理学は数多
くのサブ領域に分かれ，それぞれの領域でより専門的な研究が進め
られてきました。感情は，古くは，「動機づけと情動」という領域
で取り上げられてきました。しかし近年，感情は神経科学（生理心
理学），発達，認知，社会，教育，臨床，犯罪などの数多くの領域
で取り上げられています。さらに心理学の枠を超え，哲学，歴史学，
経済学，工学といった他領域でも研究が進められてきています。実
に幅広い分野で注目を浴びている研究テーマであると言えます。

　さて，本書は3人の研究者によって執筆されました。3人のそれ
ぞれは，互いに異なる研究歴と研究テーマをもちますが，感情への
関心の強さを共有しています。それぞれが各章の初稿を分担執筆し，
それを互いに検討しあい，議論し，最終稿に仕上げていきました。
よって本書は3人全員によって執筆されたものと言えます。

　最後に，多忙かつ遅筆になりがちな著者たちを辛抱強く支え続け，
本書刊行に尽力された培風館編集部の近藤妙子さんに感謝申し上げ
ます。

　　2018年　早春

今田　純雄・中村　真・古満　伊里

目　　次

1章　感情とは何か　　　1

感情の多面性とその機能

1-1　感情の多面性　　1
1-2　感情とは何か　　16
1-3　感情研究の手順　　24

2章　感情の理論　　　29

感情のさまざまな側面はどのように説明されてきたのだろう

2-1　感情反応の3つの側面　　29
2-2　古典的感情理論：うれしいのが先か，笑うのが先か　　33
2-3　感情の認知的評価理論　　37
2-4　感情の神経生理学的理論　　44
2-5　感情の包括的説明　　51

3章　感情理論の展開　　　59

基本感情説と次元説，その後の感情理論の展開

3-1　基本感情説と次元説　　59
3-2　心理的構成主義：コア・アフェクト説を中心に　　71
3-3　理論の統合を考える　　76

4章　感情と認知　　　85

感情が認知プロセスに及ぼす効果と交互作用

4-1　感情が認知プロセスに及ぼす影響　　86
4-2　感情と判断・評価　　98
4-3　感情と意思決定　　104

vii

4-4 感情と社会・文化　107

5章　感情と文脈　113

感情を取り巻くさまざまな情報

5-1 感情の定義と文脈化　113
5-2 文脈化と感情研究　122
5-3 今後の展開：学際的アプローチと感情研究の文脈化　130

6章　感情と身体　141

感情と身体活動の不可分な関係

6-1 悲しいから泣く，泣くから悲しい　142
6-2 身体動作と認知・感情との関係　145
6-3 表情と認知・感情との関係　150
6-4 障害と身体化された認知・感情　161

引用文献　171
索　引　181

1章

感情とは何か

感情の多面性とその機能

【キーワード】
基本感情，認知革命，文化心理学，感情混合，ポジティブ感情

1-1
感情の多面性

　これまで多くの心理学者たちが，感情の成り立ちとその機能を説明しようと努めてきた。しかし誰をも納得させる説明のできた人はいない。これは感情には実に多様な側面があり，それらを包括的に説明していくことが容易ではないためである。本章では，最初に感情の諸側面を概観し，その後に感情の機能と役割について見ていく。

(1) 進化と感情

　山中に深く立ち入っていくと，サル，イノシシ，イタチ，キツネなど思いもかけない動物と遭遇することがある。山道を歩いているときに，茂みの向こうでガサガサと音がしたとしよう。立ち止まっ

て様子をうかがっていると，姿を現した動物と目が合う。その動物に近づいていくと相手はクルリと背を向け，逃走する。それはまるで，驚き，脅威を感じ，恐怖に駆られて逃走したかのように思われる。はたして野生の動物においてもわれわれ同様な感情は存在するのだろうか。

イヌやネコなどのペットを飼っている人は，ペットが示す仕草の一つ一つからさまざまな感情を察知する。今日は機嫌がわるい，今日はうれしそうだとその時々のペットの気持ちが手に取るようにわかるようだ。ペットショップを覗いてみよう。多くの人がショーケースに入ったイヌやネコに見入り，その一挙手一投足に一喜一憂している。言葉を介さない動物であってもわれわれ人とペットの間には感情の交流があるかのように思われる。

はたして動物にも感情はあるのだろうか？答えはイエスでもありノーでもある。恐怖や怒りなど個体の生存に直結する感情のかなりの部分は他の動物にもみられる。一方で，複雑な感情(例えば，嫉妬，嫉み，恥，他人の不幸を喜ぶ気持ちなど)は，人に固有である。映画の中で，ヒロインが三角関係で苦しんでいる場面を想像して欲しい。そのヒロインが演じる複雑な感情(怒り，悲しみ，恐怖，嫌悪など)を，イヌやネコが理解し，共感し，共に涙を流すという場面は想像できない。

人は一個の生物としてその生命活動を維持している。この点においては，他の動物のみならず植物とも連続する。しかしファンタジーの世界にでも入らない限り，植物が意思や感情をもつとは考えられない。ウイルス，細菌，真菌(カビ)などの微生物はもとより，無脊椎動物(昆虫など)においてすら人が有する意思や感情の存在を認めることは難しい(意思，感情の定義しだいで仮定できなくもない

1-1 感情の多面性 **3**

が，ここでは深く立ち入らない)。**中枢神経系**が発達し，その先端に脳が生まれ，さらにその脳が巨大化していくことによって，意思や感情が生み出されてきたのである。意思や感情は，脳(中枢神経系)の進化によって生まれてきたのである。それ故に，感情の仕組みと役割を理解していくためには，**生物進化**のプロセスを知ることが欠かせない。

われわれヒトの**基本感情**は，多くの他の動物と共有されるものであり，決してヒト独自のものではない。その一方で人間固有の複雑な感情は，進化の時間軸上で生まれ育まれてきたのである。

(2) 学習と感情

道路を歩いている時に，前方からオートバイが突進してきたとしよう。減速する気配はなく，あっという間に身体のすぐ横を通り過ぎていった。もし接触していれば大けがをしたかもしれない。さて，一度そのような経験をすると，その後はオートバイをみるだけでその時の恐怖がよみがえってくるだろう。オートバイの排気音を聞いただけで身体がブルブルと震えてしまうかもしれない。

「パブロフの犬」という言葉が知られている。これはノーベル生理学賞を受賞したパブロフ(Pavlov, I.)が実際におこなった実験である。空腹の犬に餌を与える直前にメトロノームの音を聞かせる。メトロノームの音→餌という組み合わせを繰り返していくと，やがて，犬はメトロノームの音を聞くだけで大量のよだれを流すようになっていったという実験である。

この現象は**条件づけ**と言われる。この条件づけには，理論的枠組の違いからパブロフ型条件づけ，古典的条件づけ，レスポンデント条件づけなど複数の呼び名が与えられている。条件づけは多くの心

―――――― コラム 1・1 ――――――

スクールバスは赤信号？

　パブロフの発見した条件づけは，われわれが生得的に有している反射(無条件反射)が，さまざまな刺激によって誘発されるようになる現象を指す。その後，随意的な骨格筋運動も条件づけられること，さらに本来の行動レパートリーには含まれていない行動ですら条件づけられることがわかってきた。このような条件づけは，オペラント条件づけ，道具的条件づけと呼ばれる。

　さて，あなたが道路を歩いていて交差点にさしかかり，信号が赤だったとする。あなたは「信号が赤だ」と気づき，歩行を停止するはずである。その時に，2–3歳の小さな子どもがあなたの脇をすり抜け，道路に飛び出したとしよう。クルマは急ブレーキをかけて停車した。その子どもの母親と思われる女性が金切り声を張り上げ，子どもを捕らえに行く。あなたはドキドキしながらその展開を見守っている。

　さて，ここで質問。あなたは赤信号で止まり，道路に飛び出した子どもは赤信号を気にせずに道路に飛び出した。この違いはなぜ生じたのだろうか？

　多くの心理学者は，「あなたの場合は赤信号では止まるという行動が条件づけられていたが，その子どもはまだ十分に条件づけられていないためだ」と答えるだろう。「道路を横断する＋危険を経験する＋赤信号」という経験を繰り返している内に，赤信号点灯時は危険であるということ(さらに青信号点灯時には安全であるということ)を学習していった(すなわち条件づけられていった)のだと説明される。赤信号で飛び出す子どもはまだ経験が不足しており，十分に条件づけられていなかったと説明される。

　さて筆者はある時，アメリカをレンタカーで走行していた。前方にスクールバスが停止していた。減速しながら追い越していったのだが，他のクルマはスクールバスの手前で停止している。さらに，停止しているクルマのドライバー達は私に対して怒りとも軽蔑ともつかない視線を送っていた。不思議に思って後日アメリカの友人に聞いてみると，「捕まらなくてよかったな，これからは気をつけろよ」と言われた。

　アメリカの法律では，停車中のスクールバスを追い越すことは交通違反となる。見つかればしっかりと違反切符を切られ，罰金を科せら

1-1　感情の多面性

> れる。いうならばスクールバスは赤信号なのだ。その時の筆者は，「クルマの運転＋危険(法律違反，罰金)＋スクールバス」の関係が条件づけられていなかったのである。

理学者らの関心，興味を引き起こし，学習心理学という研究領域をうみだし，これまでに膨大な数の研究がおこなわれてきた。また，生得的に備わった**反射**(異物の接近に対して目を閉じるという瞬目反射をはじめ，数多くの反射をわれわれは有している)だけでなく，骨格筋を動かすという随意的反応ですら条件づけられるということがわかってきた。

　感情もまた条件づけられる。前述したオートバイの例に限らず，交通事故，山登りでの滑落事故，水難事故など誰もが「一歩間違えれば，死んでいたかもしれなかった」という経験をしているのではないだろうか。そのような経験を経ると，その対象となった物体(例えば自動車，川や海など)や事象(例えば地震)に再度遭遇すると，心臓がドキドキし始め，身震いが起こるということが生じる。恐怖が条件づけられたのである。

　恐怖といった**ネガティブ感情**だけでなく，**ポジティブ感情**(喜び，楽しさ，うれしさといった感情)もまた条件づけられる。初めての町を訪れているときに空腹を感じたとしよう。何かをお腹の中に入れたい。初めての町なのでどこにいけば何が食べられるのかがわからない。そのような時に，「マクドナルド」「吉野家」「スターバックス」などの看板を見つけるとホッとするのではないだろうか[*]。看板をみることによって，"○○のアレが食べたい，コレが食べた

---

　[*]　多くの人はこれらの店舗での食事経験があり，なおかつその時の食事が満足できるものであったことを前提としている。

い"という具体的なイメージが喚起され，それを食べた時の喜び，満足感がよみがえってくるのである。○○という看板を見るだけでうれしくなるのは，パブロフの犬がメトロノームの音に条件づけられたことと同様に，○○という看板にポジティブ感情が条件づけられてきたが故のことである。

(3) 言語（認知）と感情

『サピエンス全史：文明の構造と人類の幸福』（上下）を執筆したハラリ（Harari, Y. N.）によれば，人類が**言語**を用い始めたのは7万年前あたりである。言語の使用は，その後の人類が発展していくことに大きく貢献した重要な出来事の一つであり，人類史上の**認知革命***）と呼ばれる。

われわれは言語すなわち言葉をつかって考え，言葉によって感情を表現する。感情は言語化されることにより，より純化され，複雑化されていく。感情が言語化されることにより，気持ちがしずまったり逆に怒りが高まったりすることは誰もが経験しているだろう。感情は言語を介することにより，より精緻化され，複雑化され，変質されていくのである。

言語の重要な機能の1つは，**コミュニケーション**の手段としての役割である。言語を介したコミュニケーションによって，意思のみならず感情の伝達が可能となる。皆さんのなかには小説や詩歌の好きな人もいるだろう。紙に印字された文字を追っているだけなの

---

*）　人類史上の出来事としての認知革命である。心理学史においても同様な表現（"認知革命"）が使われるが，これは心理学の研究対象が行動から認知に推移したことを示している。混乱されないように注意されたい。なお，現在地上には約6900種類の言語があると言われる。

―― コラム 1・2 ――

言葉なんかおぼえるんじゃなかった

言葉なんかおぼえるんじゃなかった
言葉のない世界
意味が意味にならない世界に生きてたら
どんなによかったか
(中略)
言葉なんかおぼえるんじゃなかった
日本語とほんのすこしの外国語をおぼえたおかげで
ぼくはあなたの涙のなかに立ちどまる
ぼくはきみの血のなかにたったひとりで帰ってくる

　これは田村隆一の「帰途」という詩である。詩である以上，読み手によってさまざまな解釈が可能であり，感じ方も人それぞれである。園子温の「恋の罪」という映画の中では主人公がこの詩を朗読している。

　この詩は，きわめて複雑な心的経験であるところの恋愛感情を素材に，言葉がもつ本質的な役割を述べているように思われる。例えば失恋の痛手が，単なる苦痛から自らの存在の全否定といった最悪のカタチをとることもあれば，次の恋愛相手を探そうという前向きな感情を生み出す場合もあるだろう。恋愛という複雑な感情体験は，その体験を言語化し，あれこれと考え悩むことによってより複雑なものになっていく。

　どうもわれわれは，認知(思考)と感情の間で複雑なキャッチボールを繰り返しながら，人生の次の一手を決めていくようである。ココロの袋小路(考え，悩み，出口が見つからない状態)に陥っている人は，少し距離をおいて自らのおかれた状態を見つめ直してみるのもいいだろう。認知と感情の間をつなぐ糸が複雑にからみつき，それを解きほぐす必要があるに違いないのだから。

だが，読み進めている内に小説の主人公，登場人物になりきってしまい，彼ら／彼女らが体験する感情をまるで我がことのように追体験してしまう。改めて考えてみれば実に不思議なことである。

言語はまた，他者(集団，社会)との**感情共有**を促進する。感情共有によって，集団(社会)はその団結力をつよめ，より以上に一体化されていく。すなわち感情共有は**集団凝集性**を高める。企業の中には，始業時に全従業員を集め，社訓を全員で唱和することを日常としているところが珍しくない。今日も一日頑張ろうという気持ち(感情)を，言語を介して共有しているのである。

(4) 社会・文化と感情

先に紹介した Y. N. ハラリによれば，認知革命につづく大きな出来事は**農業革命**である。人類はその歴史の大半を，各地を移動しながら狩猟採集によって食物を得る遊動民(ノマド)として生きてきた。そのような人類が，やがて農耕を開始し，家畜を育てるようになっていったのである。人類は"放浪"から半定住さらに定住生活へとそのライフスタイルを変えていき，やがて都市が生まれ文明が誕生していった。

生活の定住化は2つの大きな変化を生み出した。第1は，有形の文化遺産・遺物を後生に残すことを可能とした点である。定住によって，世代を超えた知恵と知識の伝承，伝達が効率的に行われるようになったのである。第2は集団の規模が大きくなり，一部地域に人口が集中し，都市が誕生したことである。もはや"仲間"は身近な人たちや認識可能な範囲内の人々*)だけではなく，お互いが

---

*) 人類学者のダンバーは，集団がうまくまとまる数には上限があり，それは150人あたりであると述べている。

"仲間である"と了解できる不特定多数の人々を含むようになっていった。

ここで，**文化**について考えてみよう。文化とは，特定の人々[*]に共有される外界認識の仕方，考え方のことであり，またその人々が生み出す有形・無形の産物である。

図1・1を見てもらいたい。皆さんは第一印象として，どのような理解・解釈をしただろうか。このような図をアメリカの大学生と中国の大学生に見せてその状況を説明させるという研究がおこなわれた(Hong, Y. et al., 2000)。すると，アメリカ人学生の多くは，右側に位置する一匹の魚が左側に位置する多数の魚を引率しているという説明をしがちであったが，中国人学生の多くは，左側に位置する多数の魚が右側に位置する一匹の魚を追いかけ，右側の一匹の魚

図1・1　状況説明に文化差が見られた図版
出典）　Hong, Y. et al., (2000)をもとに作図

[*) ここでいう「特定」とは，時間的，空間的(地理的)条件のことである。(ほぼ)同じ時代に，(ほぼ)同じ地域に生存している(いた)人々のことを指す。

は逃げているという説明をおこなった。アメリカ人学生は右側に位置する一匹の魚に焦点をあてた説明をしたのに対して，中国人学生は左側に位置する多数の魚に焦点をあてた説明をしたのである。同じ一枚の絵でありながら，文化が異なるとその外界認識の仕方が異なるということを示している*)。

　外界認識の仕方が異なると，その状況から喚起される感情も異なってくる。図1・1から集団全体を引率するリーダー像をイメージした人(多くのアメリカ人)は，誇り，自尊感情，幸福といったポジティブ感情を喚起しやすく，集団からの追放・攻撃をイメージした人(多くの中国人)は，恐怖といったネガティブ感情を喚起しやすくなる。すなわち同じ一枚の絵でありながら，その絵によって喚起される感情は文化によって異なってくるのである。

　近年の**文化心理学**は，西欧文化と東洋文化の心理的差異に注目した研究を数多く発表している。例えば西欧の人々は善と悪を対峙するものとみなし，一本の線上の両端にそれらを位置づけて考えがちである。例えば，アメリカで作られた映画やテレビ番組を見ていると，ヒーローが邪悪な人を懲らしめるというストーリー展開をしているものが多いことに気づくだろう。一方で，東洋の人々は善と悪は必ずしも対峙するものではなく，共存することもありうると考える。例えば47名の赤穂浪士がおこなった行為は集団による組織的殺人であるが，その行為を「悪」の一言でかたづける日本人はいないだろう。文化は外界認識の仕方，すなわちものの見方，考え方を規定しており，そのことによって喚起される感情の質，強度も変わ

---

　*)　このような，アメリカ人学生と中国人学生間に見られた差異については，個人主義と集団主義の違いから説明されることが一般的である。個人の自由，尊厳を重視する個人主義は際だった行動をとる個人に注目するが，集団の安定，維持を重視する集団主義は集団に注目するためである。

── コラム 1・3 ──

出る杭は打たれる

ことわざを見ると，世界のさまざまな社会，文化に生きる人々がどのような社会規範，文化規範をもっているかがよくわかる。例えば日本には「出る杭は打たれる」ということわざがある。これは共同社会を維持していく上での人々の協調性を重視するものといえる。目立ったこと，全体の「和」を乱すことをいさめるものである。民主的な会議体においてすら（大学の教授会ですら！），誰一人異を唱えることなく，全会一致で議事承認となることが理想的とみなされている。

英語のことわざで The squeaky wheel gets the grease. というものがある。直訳すれば（油が切れて）キーキーと音をだしている車輪はグリースがもらえる，というものだ。何か問題を感じればしっかりとそのことを口にしよう。自らの考え，意見を主張することは大事である。少々うるさいことを言う人間であっても社会はその人間を大切にする，という意味合いになる。

「以心伝心」を重視し，場の空気がよめない人間を「けむた」がるのが日本社会である。すべてにおいて控えめであることを良しとし「沈黙は金」と考えがちなのが日本人である。なにかで失敗してもそれは（社会あるいは集団）全体の責任とみなし，個人の責任を明確にしたがらない社会とも言える。

一方で英語圏の人々は，自らの意見を明確にしない人間を「何を考えているのかわからない」不気味な存在とみなしがちである。Where there's a will, there's a way. （意思があれば道はひらかれる）社会なのである。もちろんその道は，個人の明確で説得的な意見表明が必要なのは言うまでもない。

日本人の一人としてアメリカへ行くと，このような文化差を切実に感じる。その代表となるのがチップである。ダイナーへ軽食を食べにいっても，タクシーに乗っても，ドアマンのいるビルに出入りする時も，空港で荷物を預ける時も，チップの金額をいくらにするかの判断を常に求められる。さまざまなサービスに対する「評価」をその場でおこなうことがチップである。

おいしい食事をしてもチップの金額を決めるまでは落ち着かない。そのような時ほど，「ごちそうさま。おいしかったですよ」と口にするだけで（あるいは軽くほほえむだけで）店をあとにできる日本社会をありがたいと感じることはない。

りうるのである。

(5) 文化と感情混合

あなたは，うれしいというポジティブ感情と，悲しいというネガティブ感情を同時に経験するということがあるだろうか。多くの研究は，このような感情の混合体験は東アジア系の人々にとっては珍しいことではないが，欧米系の人々にとってはまれであることを示している。たしかにわれわれの多くは，「清濁併せ持つ」という価値観をもち，同時に「うれし恥ずかし」「泣き笑い」といった**感情混合**(mixed emotions)の体験をもつ。

恥という感情について考えてみよう。高名で権威ある政治家，芸術家，歌手，学者などと同席する場面を想像して欲しい。あなたはどこか気まずく，気恥ずかしい気持ちになるだろう。この時の「(気)恥ずかしさ」という感情は多くの欧米人には理解しづらいようである。彼らも当然，相手の権威には敬意をはらい，言葉遣いにも注意はするが，人間としては対等であると考えており，権威者の存在に対して自らを卑下するような感情を感じることはない。

ベネディクトはその著『菊と刀』の中で，欧米の文化は「罪の文化」であり，日本人の文化は「恥の文化」であると述べている。恥はshameと訳されることが多いが，心理学の観点からするとembarrassment, shame, admiration, shyness, gratitudeの複合体といえるものであって，一つの英単語に置き換えることは難しい。それ故に，日本人の恥体験を正確に記述しようとする人は，Hajiと表記する*)。

＊) 本書では，shameに対応する語を「恥」とし，embarrassmentを「羞恥」に対応させている(4章 p.108 も参照)。

1-1 感情の多面性

　文化という観点から，人間の行動や感情の傾向を説明しようとする立場をとる研究者は多い。日本人では，政治的不祥事に対して怒りを感じても，当事者に同情したり，あわれみを感じたりする人はめずらしくない。ものごとに白黒をつけることをしたくないと考える人も多い。文化は感情の喚起さらに表出に大きな影響力を発揮しているのである。

(6) 感情の伝播と感情共有

　感情は集団内で共有されやすい。前述したように，このことを感情共有という。さて，平穏に行進をしていたデモ集団が周辺からのヤジを受けて激高し，暴徒化したというニュースを聞くことがある。**怒りの感情が集団内で共有される**（感情共有）ことによって，集団としての**攻撃行動**を生起させたのである。

　感情共有は怒りの感情に限定的なことではない。映画館，劇場，寄席，野球場，音楽のライブ会場などへ行くと，観客の多くが喜怒哀楽のさまざまな感情を共有し，互いが互いの感情を強め合っていく様子がよくわかる。野球場をのぞいてみよう。ひいきのチームが得点をあげると大歓声がわき，多くの人たちが周りの人たちと一体となって大声をあげる。友人が亡くなりお葬式に列席したとしよう。誰かが泣き始めるとそれにつられて多くの人がすすり泣きを始める。友人が亡くなったという悲しみの感情が倍加していくのである。これらの例からわかるように，感情は人から人へ伝播する。

　このような集団内における感情伝播と感情共有は，その集団が何らかのリスクに晒されたとき（地震や火災などを想像してみよう）には集団の結束を高め，集団としての損失を最小限にとどめる役割をはたす。感情共有により集団凝集性が高められ，集団としての一致

まとまった行動をとることができるが故である。

しかしながら集団凝集性が高まると、その集団がより排他的、独善的になるリスクも高まる。例えばヘイトスピーチに代表される他民族に対する排斥行動はその典型である。すなわち集団の感情共有は、仲間同士の結束を高めることに貢献する一方で、他集団に対する排他的、差別的、攻撃的な攻撃行動を支えるものにもなりうる。

(7) 感情と健康

風邪をこじらせ体調不良の日々が続くと気分も沈みがちとなる。一方で、楽しい出来事が続くと身体全体に元気がみなぎってくる。感情と健康は相互に直接的な因果関係があるように思われる。しかし、これまでにおこなわれてきた多くの研究は、両者に直接的な因果関係があるというよりも、両者を媒介する**媒介変数**が影響を与えていることを示してきた。

例えば、楽しく、うれしい感情状態(ポジティブ感情)は、直観的思考、**創造的思考**の能力を高め、活動レベルを高める。学業、仕事など日々の活動を好ましく生産的なものとし、より良好な人間関係を生み出してくれる。それらのことによって問題解決のためのリソース(**資源**)を増加させ、仮に健康を害するような事柄が生じた場合でも、その問題を解決しやすくさせる。さらに、**ソーシャルサポート**など他者からの支援も受けやすくさせる。すなわちポジティブ感情が生活の全体をより健康的な方向へ誘導し、その結果として健康になるということである。フレドリクソンは、このようなポジティブ感情と健康との関係を**広がりと生みだし理論**(broaden–and–build model)として図式化した(**図 1·2**)。

一方で不快な感情状態(ネガティブ感情)が続くと、創造的思考が

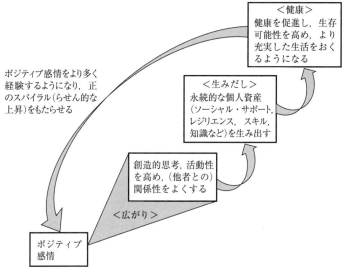

図 1・2　フレドリクソンの広がりと生みだし理論
出典）　Fredrickson(2013)をもとに作図

低下し，身体活動量も低下していく。視野が狭くなり，一つのことばかりを考えるようになる。物事を多面的にみていくことができなくなり，問題解決の糸口を見いだすことが難しくなる。さらに他者との接触の機会が減ることによって，他者からの支援を受ける機会も減っていく。いわば負のスパイラル・ループ(悪循環)に陥っていくのである。

このように見ていくと，健康と感情の関係は，健康と感情が互いに直接的な影響をあたえあっているのでなく，認知(創造的思考の昂進／減退など)，社会的条件(ソーシャルサポートを受ける機会の増加／低下など)が媒介することによって生じる関係であることが

わかる。一義的で直接的な関係ではないが，ポジティブ感情はより健康を導きやすく，ネガティブ感情はより不健康な状態に導きやすくなるといえよう。

これまで述べてきたように，感情は実に多様な側面をもつ。生物進化の過程で誕生した人類は他の多くの動物と共有する感情をもつが，知的存在としての人は言語を介した複雑な感情をもち，さらに社会的存在としての人間は，他者とのコミュニケーションを円滑におしすすめるための感情(社会的感情)をもつ。さらに高度に発展する文明，社会に対して感情をより精緻に複雑化させていくであろう。いうならばわれわれは，動物としてヒト，知的な存在としての人，さらに社会と文化の中で生きる人間としての感情を一つの身体の中で共存させているのである。

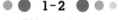

1-2 感情とは何か

(1) 研究対象としての不安定さ

天文学者はさまざまな惑星の軌道を測定し，物理学者は物体の落下するスピードを測定する。これらの学問は，研究対象が明確であり，その測定方法も確立している。しかしながら心理学の研究対象である心的経験は，多くの他の自然科学と比較して，曖昧であり，直接に測定することができない*)。

隔靴掻痒という言葉がある。靴の上からかゆいところをかくという行為のもどかしさを意味する言葉である。心理学はまさに隔靴掻痒の学問であり，物事の核心に直接ふれられないというはがゆさ，もどかしさ，じれったさが常につきまとう学問である。感情研究に

1-2 感情とは何か

おいてはこのことが顕著である。

　ラッセル(Russell, J., 2003)は感情を,「芸術」「音楽」といった言葉と同様な, 一定の人々と共有される個人的(主観的)経験を意味する便宜的ラベル(convenient label)にすぎないと述べている。彼は, 高度に抽象化された絵画と子どもの落書きの境界線を明示することが困難であることと同様に,「感情」と「感情でないもの」の境界線を明示することは困難であると述べている。何が感情であり, 何が感情でないのか, どこまでが感情であり, どこからが感情ではないのかという議論には生産性がない。実際に感情の研究者の中にも, 好き, きらいという好悪感情を感情とみなさない研究者もいるし, 愛を感情とみなさない研究者もいる。

　一方で感情を積極的に定義することも試みられてきた。シオタとカラート(Shiota & Kalat, 2012)によれば, 感情には以下の3つの特徴があり, それは同時に感情を定義するものであると述べている。すなわち, 感情とは, ① 個体および種の生存に役立つという適応的側面をもち, ② 刺激に対する反応であり, ③ 認知, **主観的体験**(feeling), 生理的変化, 行動の4要素から成立するというものである。以下ではこれら3つの特徴のそれぞれについて説明していく。

(2) 適応機能

　恐怖, 怒りや嫌悪という感情が生起しなければどうなるだろうか。

　＊) 行動主義心理学は心理学の研究対象を直接に観察することが可能な行動としている。恐怖, 不安と言った心的経験は, 行動を介した操作的定義によって測定可能とみなす。例えば飲食中のネズミに電撃を与えるとネズミは飲食を中断する。その行動変化をもってネズミは「恐怖を感じた」と定義するのである。非常にわかりやすい考え方であるが, 操作的に定義された一側面から全体を測定したといえるのだろうか。すなわち恐怖を, 飲食行動の中断という行動変化からのみ定義してよいのかという疑問がでてくる。

―――― コラム 1・4 ――――

ブルーな気分になるとお菓子が食べたくなる？

　落ち着きがなくイライラしたり，不安な状態がつづくとお菓子を食べたくなる人が多い。特に甘いものを食べたくなるようだ。これはどうしてだろうか？

　神経科学の観点からみると，この現象はセロトニンとエンドルフィンという神経伝達物質が関与している。エンドルフィンは脳内の報酬系に作用し，多幸感をもたらせる物質であり，甘味がエンドルフィンの分泌を促進するといわれる。

　一方のセロトニンは精神の安定，リラックスを導く神経化学物質であるといわれる。うつ状態を特徴づけるものはセロトニン分泌量の低下ともいわれている。脳内のセロトニン量を高めるためにはその前駆物質であるトリプトファンが必要であり，そのためにはブドウ糖が必要となる。甘味菓子の多くには砂糖（ショ糖）が使われており，砂糖は摂取後すみやかにブドウ糖と果糖に分解され吸収される。吸収されたブドウ糖は脳へ運ばれトリプトファンの生成に寄与する。つまり甘いお菓子は即効性のある気分改善薬となる。

　さて，コンフォート・フードというものが知られている。心がなごむ，ほっとする，郷愁を感じさせる，そのような食べものを指す。アメリカでおこなわれた調査結果を見ると，マカロニチーズなどアメリカ人にとっては定番の，いわゆる「おふくろの味」（アメリカでは「おばあちゃんの料理」と言う）もでてくるが，なんといってもチョコレートを代表とする甘味菓子が多くを占めている。やはり甘い食べものは心を落ちつかせてくれるようである。

　ここで一つ押さえておかなければならないことがある。ダイエットに励む人にとって甘味菓子はリスクが高い。これは単に高カロリー食品が多いということだけではない。ダイエットとは意思の力で食欲を抑えることであり，その抑えがひとたび外れると一挙に食欲が解放され，抑えきれなくなるリスクがある。ダイエットを成功させるためにはイライラすることがないようにする必要がありそうだ。

1-2 感情とは何か

道路を歩いている時に前方から一台の車がスピードを落とさずに突進してきたとしよう。恐怖を感じなければその車をよけられずに，大けがをするだろう。あるいは，ゴミ箱に蛆の繁殖している食品が捨てられているとしよう。嫌悪を感じなければそれをつまんで食べてしまい食中毒におちいるかもしれない。すなわち感情は，**個体の生存**を有利にするという機能をもつ。

一方で，人は社会性に富んだ動物であり，集団の一員として生まれ，育てられ，集団の中で学び，働き，人生を終えていく。個体の生存を有利にするためには集団の中でうまく生きていく必要がある。さらに，その集団自身を維持させ発展させていく必要もある。感情の適応機能は個体の生存だけでなく，集団の存続にも貢献する。これを**感情の社会的機能**という。

学区の隣り合った小学校が一つのサッカー場を共有して使用していたとしよう。一方の小学校の生徒がそのサッカー場を占拠しようとすれば他方の小学校の生徒は団結してそれを阻止しようとするだろう。そのような行動を支える主たる感情は怒りであり，同時に嫌悪，軽蔑（なんて身勝手なことをするのか，非常識だ！）でもある。このような，集団と個人との関係性の中から生じる感情を**社会的感情**という。また，集団の中の一員であることを意識させる感情を**自己意識的感情**という。これらの感情の機能については4章で詳しく述べる。

(3) 刺激に対する反応

感情は刺激に対する反応として生起する。満開の桜を見て晴れやかな気分になり，目の前のゴキブリを見て恐怖や嫌悪を感じる。桜やゴキブリと言った外的刺激だけでなく，**記憶の再生**といった心的

表象（内的刺激）によっても感情は生起する。過去の出来事を思い出しているうちに，知人の悪意ある行為がよみがえり，怒りがこみあげてきたというケースなどが相当する。また睡眠中に悪夢に苦しみ目が覚めるということがあるが，これなども記憶の再生が感情を生起させたケースといえよう。すなわち感情は，外的事象に対する反応であるとともに，内在化された記憶の再生が刺激となって喚起される反応でもある。

　感情は刺激によって喚起される反応にとどまらない。新たな行動を喚起する動機としての機能も果たす。例えば怒りは攻撃行動を喚起させ，恐怖は逃避行動を喚起させる。すなわち，動機づけの機能をもつ。

　ここで区別しておきたいことは感情と**動機づけ**との違いである。両者とも行動を喚起する**衝動**である点においては共通するが，以下の3点において区別される。① 感情の行動喚起力の持続時間は限られているが，動機づけは**欲求**（**必要**）が充足されるまで行動を持続させる。例えば，空腹感に動機づけられた行動は食物を摂取するまで行動を持続させる。② 感情は主に外的要因（外的刺激）によって喚起されるが，動機づけは主に内的要因によって喚起される。③ 感情の多くは外的事象の**認知評価**のプロセスを必要とするが，動機づけにおいては認知評価のプロセスは必ずしも必要ではない。

(4) 感情を構成する4要素

　感情は認知，主観的体験，表出行動，生理的変化の4つの側面をもつ（図1・3参照）。今，あなたの目の前に，他者から侮辱的な言葉を投げかけられ激高している人がいると想像してみよう。顔が火の玉のように赤くなり，唇は痙攣し，瞳孔は大きく拡がり，顔全

1-2 感情とは何か

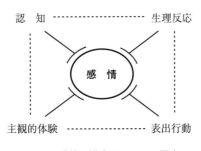

図 1·3 感情を構成する 4 つの要素

体が赤鬼のような形相になっている。こぶしは固く握りしめられ，全身の筋肉が硬直している。今にも誰かに襲いかかりそうな雰囲気である。生理反応(血圧，動悸，筋収縮，瞳孔系など)は明瞭であり，表出行動(怒りの表情，さらに歯をくいしばり，唇がふるえ，目つきは鋭くなっている)も顕著である。

多くの人は，喜怒哀楽や心地よい気分などを感じるとそれらを感情とみなす。またそのような主観的に意識(体験)される感情状態があってはじめて生理反応や表出行動が生まれると考えがちである。しかしながら後述するように，感情の主観的体験は感情反応の 1 つというべきものである。

感情の 4 側面の中で最初に機能するのが認知である。上記の人は「侮辱された」ことに怒っている。他者からの何らかの言動を**刺激**として感受し，その意味を「侮辱」と評価したのである。このような評価のプロセスを**認知**という。2 章，3 章で詳述されるが，評価のプロセスは感情の重要な一側面である。

これら 4 者の時間的推移はどのようになるだろうか。**図 1·4**に示したように，刺激(すべての刺激が感情を喚起するわけではない

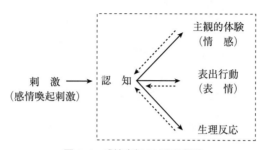

図 1·4　感情喚起の時間的推移

ので厳密には**感情喚起刺激**である)が感受され,認知プロセスが活性化され,それに続いて感情反応(主観的体験,表出行動,生理的変化)が生み出される。これらの感情反応は内的刺激としてフィードバックされ,再度,認知プロセスの処理対象ともなっていく。すなわち,認知と感情反応は相互に関連し合う。

ここで注意されたいことは,2章で詳しく論じられるが,自らの感情の主観的体験は必ずしも,生理反応や表出行動に先行するわけではない。むしろ主観的体験,生理反応,表出行動の3者は,**感情反応**とほぼ同時に進行する。また2章,6章で詳しく説明されるが,生理反応や表出行動が先行し,それらに後続して,自らの感情状態を意識化するということもある。

さて,これまでにおこなわれてきた感情研究の多くは,これら4側面のいずれかに焦点があてられてきた。また心理学の歴史において,行動研究に焦点があてられてきた時代には感情の行動的側面(表出行動および感情に動機づけられた行動)を重視する研究がさかんにおこなわれ,また認知プロセスに関心が集まるようになって以降は感情の認知的側面に焦点をあてた研究が数多くおこなわれるよ

1-2 感情とは何か **23**

うになった。さらに最近は，fMRI といった**非侵襲性**の脳活動測定
が可能となったこともあり，感情生起の脳内機序に関する**神経科学**
的研究も注目されている。

(5) 感情に関する最近の知見

　感情生起に関する理論は，これら4要素の何が必須であるのか，
あるいは重要なのか，さらに4要素のそれぞれが生起する順番(時
間的関係)にルールがあるのか，といった諸点に注目してきた(2章，
3章参照)。以下では，感情生起に関する比較的最近の知見を紹介
する。

　脳を対象とした最近の研究では，われわれの外界認知は一瞬のう
ちにおこなわれることを示している。快，不快の感情を喚起する写
真や喜び，恐怖の表情写真を実験参加者に提示し，**前頭前皮質**(pre-
frontal cortex)の脳活動を調べた研究では，不快な写真，恐れの表
情写真に対しては120ミリ秒というごく短時間で反応することが
示された(Kawasaki et al., 2001)。さらに**EEG**(脳波)を測定した実
験でも，怒り，脅威の表情写真に対しては，200から300ミリ秒と
いう短時間での反応が見られた(Schupp et al., 2004)。

　われわれの脳は，外界の刺激が自分にとって好ましくないもの，
危険なものであるかどうかを瞬時に判断しているようである。思考
が意識化されるずっと前に脳は「考え，判断して」いるとも言え
る[*]。4要素の中でも，脳活動(刺激に関する情報の評価すなわち

---

　[*] 認知は一般に「考える」「判断する」といった思考・判断のプロセスのことを
意味するが，これらは必ずしも顕在意識上でのみ進行しているわけではない。最近の
研究は，われわれ自身が気づかない(意識していない)あいだに，われわれはさまざま
なことを「考え」「判断して」いることを示している。

認知)が他の3要素に先行し感情生起のスタートをきっていることが示唆されている。

潜在意識下での認知同様に，感情もまた潜在意識下で生み出される。例えば，実験参加者自身が気づかない（意識できない）程度のごく短時間に，恐怖の表情写真を提示すると，発汗，身震いという生理反応が生じる。これは恐怖表情という刺激の認知が潜在意識下でおこなわれ，それに続いて自律神経系の反応が後続して生起していることを示唆している[*]。

外的事象を知覚すると同時に，われわれの脳は，その危険度を瞬時に判断する。この判断は潜在意識下で起こり，それに後続して自律神経系を介した生理反応，主観的体験さらに感情に動機づけられた行動が生起していくと言えよう。

1-3
感情研究の手順

(1) インフォームド・コンセント

心理学実験は，一般的に，人の心を操作しその影響を調べるものが多い。しかし，どのように操作するかを事前に説明した上で実験に入ることは一般的ではない（例えば，「怒り感情を喚起させるために，実験中にあなたを侮辱し，威喝し，恫喝します」と説明をすればどうなるだろうか。あなたはそのつもりで身構えるだろう。あるいは，その時点で実験そのものの参加を辞退するかもしれない）。

---

[*]　6章で詳述されるが，感情の生起に関する議論の1つは，感情生起を意識することによって感情反応が生み出されるのか，逆に，感情反応の生起が先行し（それを感受することによって）感情生起を意識するのかというものである。

1-3 感情研究の手順

過去の心理学実験の中には，倫理的に問題となったものも多い。現在では，実験参加者の尊厳を傷つけ，実験後においても心身に悪影響を与える可能性のある実験をおこなうことは許されていない。そのことを担保するために実験参加者に対して事前に十分な説明をおこない，実験参加者がその説明を理解したことを確認した上で，実験参加者からの同意（署名を求めることが多い）を得るという手続きをとることが一般的である。これを**インフォームド・コンセント**という。

事前説明においては，実験の概略，実験中ならびに実験後に生じうるリスクを説明し，実験への参加が強制されるものではなく実験参加者の自由意思に基づくものであること，実験中であっても実験途中であっても中止できること，仮に中止してもそのことによって実験参加者に何らの不利益も生じないことが述べられる。これらのことがらを実験参加者らが十分に理解し納得できたと判断された後に，実験参加への同意（署名）がとられるのである。

(2) 感情の実験

感情の多様な側面を調べるためにはどうすればいいだろうか。理想的な感情実験とは，統制のとれた実験室において特定の感情を生起させるための何らかの**実験操作**をおこない，その効果を客観的指標で測定することである。

これまでにおこなわれてきた感情研究では大きく3つの方法が用いられてきた。① 感情の想起：「これまであなたが経験したことの中でもっともつよい（怒り）を感じたことをおもいだしてください」「（怒り）の感情状態をイメージしてください」といった教示を与える方法，② 特定の感情を喚起させる（と想定される）文書を読

ませる方法, ③ 特定の感情を喚起させる(と想定される)写真を提示する方法などである。

これらは**表面的妥当性**(face valid)の認められる方法と言われる。しかし, 実験参加者の記憶, 経験に大きく依存しており, 同時に実験参加者のやる気, 意欲の程度に左右される部分も大きい。簡便な実験方法であるが, 現実場面で経験するリアルな感情とは言い難い。その点において感情研究としては限界のある方法である。

一方で, リアルな感情を生起させる実験方法も用いられてきた。例えば, 飲料の自動販売機の釣り銭口にあらかじめ数枚のコインを仕込んでおく。コインを発見した人の多くは(ささやかな)喜びの感情を経験するだろう*)。また実験参加者にスピーチをおこなわせ, 事前に実験者が用意しておいた聴衆(サクラ)が決められた振る舞いを演じるという実験もおこなわれた。真面目にスピーチをする実験参加者に対して下品なやじをとばし, 実験参加者の感情を揺さぶるという実験である。

これらの実験手法は**生態学的妥当性**(ecological validity)の認められる方法と言われる。現実場面で実際に生じる出来事を人為的に(実験的に)再現し, リアルな感情を生起させるというものである。研究者サイドからすると実に魅力的な手法ではあるが, そこには大きな問題が横たわる。実験参加者が, 本人が知らぬ間に, 実験に参加させられているということの是非である。何も知らない人たちを, 罠にかけ, だましているのである。これらは**虚偽実験**と呼ばれる手法であり, 倫理的な問題につながる。

---

*) 中には, 釣り銭を取り忘れたであろう人に対する同情, 憐れみの感情を生起させる人もいるだろう。そのような人は, 釣り銭を自分のものとはせずに釣り銭口にそのまま残しておくかもしれない。しかし実際におこなわれた実験(Isen et al., 1987)では, 全員が釣り銭を自分のものにしたということである。

(3) 研究開始前の倫理審査

現在，研究機関(大学など)でおこなわれる実験は事前にそれぞれの研究機関が有する倫理審査委員会において事前審査をおこなうことがルール化されている。心理学の実験においてもそのルールは適用される。とくに上述の虚偽実験などは事前に厳格に審査される。

事前審査において重視されるのは以下の4点である。① その研究が真に重要かつ必要なものなのか(単なる興味本位の実験は許されない)，② 十分な準備と緻密な計画に基づく研究計画であるのか(おおざっぱな計画では認められない)，③ 研究目的を達成するために，審査対象となった研究方法以外の方法はないのか(特に虚偽実験の場合は，虚偽という方法しか使えない理由についての説明が求められる)，④ 実験参加者が被るリスクはどのようなものであり，どの程度のものか，また何らかの被害を受けた場合の事後対応策としてどのような準備をしているか，である。

事前審査においては，実際の実験開始前におこなわれるインフォームド・コンセントの内容および実験終了後におこなわれる**ディブリーフィング**の内容が精査される。ディブリーフィングとは，実験後に実験参加者を実験参加前の状態へもどすことを意図したもので，実験参加者との会話をとおして，実験参加者が実験中に想定外の心的経験(特に不快感)を得ていないかどうか，かりに得ていた場合にはその改善を試みるというものである。特に虚偽実験の場合は，実験の真の目的を説明し，虚偽の手続きをとらざるを得なかったことを説明し，理解を求める必要がある。その上で改めて実験データの使用許可を求める必要がある。仮に実験参加者がつよい不快感を示し，実験参加の取り消しを求めるようなことがあればその実験データを使用することはできない。それ故に，虚偽実験の場合は，ディ

ブリーフィングの後に，再度実験データの使用許諾への同意（署名）を得ることが一般的である。

　以上のことからわかるように，現在の感情実験（ひいては心理学の実験全体）は，実験参加者の人格権（尊厳）を侵害しないように最大限の配慮をおこなったうえで実施される。おもいつきの，興味本位の実験は許されず，慎重に計画され，第3者による事前審査をうけた上で感情の実験は実施されるのである。実験参加者をだまし，その好意を裏切るような実験は決して許されない。

◀ ま と め ▶
☐ 感情は生物進化の産物であるとともに，学習されるものである。感情はまた，社会・文化の影響をつよく受ける。
☐ 感情は自然環境に適応する機能をもつとともに，集団，社会に適応する機能をもつ。
☐ 感情研究には十分な倫理的配慮と所定の手続きが必要である。

◀ より進んだ学習のための読書案内 ▶
今田純雄・北口勝也（編著）（2015）.『動機づけと情動（現代心理学シリーズ 4）』培風館
　☞心理学では感情は情動とほぼ同義で用いられる。本書では，基礎から発達，臨床までの幅広い観点から，動機づけと情動（感情）の諸問題を取り扱っている。

大平英樹（編著）（2010）.『感情心理学・入門（有斐閣アルマ）』有斐閣
　☞感情の研究史から発達，言語，進化，病理，健康など幅広い観点から感情研究を紹介している。

藤田和生（編著）（2007）.『感情科学—Affective Science』京都大学出版会
　☞多数の執筆者らが，神経科学，進化，表情，発達，文化，病理の諸観点から幅広く感情の諸問題を論じている。

2章

感情の理論

感情のさまざまな側面はどのように説明されてきたのだろう

◀キーワード▶
感情反応の3つの側面，古典的理論，認知的評価理論，神経生理学的理論，包括的理論

　1章では，感情のさまざまな側面，機能，役割について，具体例とともに概観した。そこでも触れられていたように，感情の仕組みを説明しようとする試みは，古代の哲学から最新の理論まで数多くある。現在までのところ，誰もが納得する感情の説明には至っていないが，本章では，感情反応の3つの側面について説明し，心理学における代表的な感情理論を概観していく。

2-1
感情反応の3つの側面

　1章で，感情には，認知，生理反応，表出行動，主観的体験という4つの要素があることが説明された(図1・3参照)。これら4つ

29

の要素のうち，認知は，感情が喚起されるための情報処理，評価に関係しており，生理反応，表出行動，主観的体験の3つは感情反応としてまとめられる。つまり，感情は感情喚起刺激によって引き起こされ，その結果として，①生理反応，②表出行動，③主観的体験という3つの反応が生じると説明することができる。

①　**生理反応**とは，心臓がドキドキする，呼吸が速くなる，胃が締めつけられるといった，内臓や身体の反応である。一般に，わずかな変化であれば，本人にも自覚されないことが多く，第三者の知ることのできない反応である。しかし，このような身体的反応が，主観的体験として私たちが感じるさまざまな感情の違い，つまり**主観的体験の質**を決める重要な手がかりになっていると考えられる。本章で紹介する理論においても重要な論点となっている。

②　**表出行動**には，スキップのような身体動作，眉間に縦皺を寄せたり，思わず目と口を開いてしまうような表情，大声で怒鳴る，泣き声を上げるといった音声的表出などが含まれる。これらの反応は，表出者自身よりも，それに接する他者にとって相手の感情を知る重要な手がかりとなる。本来うかがい知ることのできない相手の内面の感情状態を，その人の表出行動を通して知ることができる。つまり，その人がにっこりしているから機嫌が良いと思い，怒鳴っているから怒っていると判断するのである。表出行動は，個人と個人の間で，それぞれの感情状態を伝達し，共有するための重要な媒体としての役割を果たしている。

③　**主観的体験**とは，うれしい，悲しい，腹が立つというように，自らの感情を自覚し，意識している状態のことである。これは，**感情中枢**の活動が，意識という内的世界に投射された状態と説明することができる。自覚され，意識された感情は，感情を体験している

2-1 感情反応の３つの側面

人だけが確認することのできる心理状態であり，そのことによって，自身の感情やその表出を自己管理し，調整することができる。感情の主観的体験と言う方が丁寧であるが，本書では簡略化し主観的体験と表記している。

　日常生活において，私たちは，よく「うれしい」から微笑む，「悲しい」から泣く，などと説明する。つまり，「うれしい」，「悲しい」といった主観的体験が原因で，「笑顔」，「泣き顔」といった表出行動が結果として生じていると考える。しかし，主観的体験も表出行動も，いずれも感情反応であるため，このような説明は適切ではない。

　このような不適切な説明をしてしまう理由は，大きく２つ考えられる。1つは，実際のさまざまな感情喚起場面では，反応として生じる３つの感情反応に，時間的なずれが生じるためである。例えば，悲しみ（主観的体験）がじわじわとこみ上げてくるような場合，悲しみを自覚することが先に生じ，それから涙があふれてくるといった表出行動が生じるため，あたかも，「悲しい」という主観的体験が原因となって「泣く」という表出行動が生じたように考えてしまう。しかし，逆に，涙があふれてきて，初めて自分の悲しみを自覚することもあることなどを考えると，３つの感情反応は，それぞれが独立して生じていると説明する方が妥当である。

　２つ目としては，主観的体験が，間接的な原因になっていることが考えられる。私たちは，自分自身の感情を意識し，自覚することによって，新たな感情を喚起させることがある。例えば，自分が怒りを感じていることを自覚することで，さらに怒りが高まり，より激しく怒鳴ってしまったり，逆に，自分が腹を立てていると自覚して，恥や自己嫌悪を示すような反応を生じさせることがある。

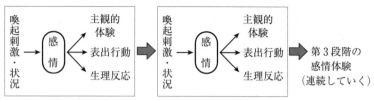

日常的な感情体験は，個別の感情が単発的に生じるというより，連続的にさまざまな感情が生起し，展開，収束していくものと説明することができる。

図2・1　感情反応の連鎖

ただし，この場合も，主観的体験が直接に表出行動を喚起させたと考えるのではなく，図2・1にあるように，第1段階の反応としては，3つの側面のそれぞれが独立して生じ，その反応が次の段階の感情喚起の原因となって，第2段階の感情反応を引き起こしたと説明することができる。実際に感情が生じるような場面では，このような感情の連鎖が生じるため，私たちの説明も，因果関係を明確にすることが難しくなるのである。

これから紹介する感情の諸理論は，これらの感情反応の3側面のいずれかに焦点をあて，またそれら相互の関係を説明しようとするものである。感情喚起にかかわる認知プロセスを説明することを目的にした理論もあるので，それぞれの理論が何を説明しようとしているのかを確認しつつ読み進めてもらいたい。

2-2
古典的感情理論
―うれしいのが先か，笑うのが先か―

　本節では，発表されてから100年以上になるが，今なお，繰り返し引用され，最新の理論にも影響を与えている**古典的感情理論**を紹介していく。いずれも，感情の主観的体験がどのような仕組みで生じるのかを説明しようとしている。

(1) ジェームズ゠ランゲ説：笑うからうれしい

　アメリカの哲学者であり心理学者であるジェームズ（James, W., 1884）は，19世紀の末に，泣くから悲しい，逃げるから怖いという，有名な感情の理論を発表した。つまり，身体に生じる変化が原因となり，その変化を感じることが感情体験（主観的体験）であるという考えである。ほぼ同じ時期に，デンマークの医師であるランゲ（Lange, C.）が同様の理論を発表したため，二人の研究者の名前をとり，ジェームズ゠ランゲ説と呼ばれる。

　例えば，授業中の教室に野生のクマが入ってきたとしよう。多くの生徒は飛び上がって悲鳴を上げ，逃げるだろう。そのような身体的変化が自覚されることによって，はじめて「怖い」という主観的体験が生じる。つまり，怖いから逃げるのではなく，逃げるから怖いのである。

　このようなプロセスを生理学的に説明したのが図2・2(a)である。最初に，視覚，聴覚などの受容器からの情報が中枢（大脳皮質）へ向かい，中枢で処理され（①），その結果としての反応が，骨格筋や内臓の活動として現れる（②）。つまり，叫んだり，飛び上がったり逃

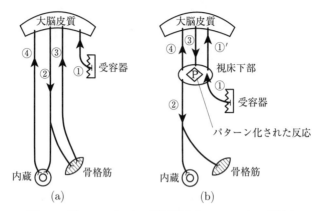

図 2·2　ジェームズ=ランゲ(a)説とキャノン=バード説(b)
出典) 濱・鈴木・濱(2001)

げたりする行動や，心臓がドキドキして，呼吸が速まるような生理反応が生じ，次に，それらの末梢反応についての情報が中枢に集められ処理される(③，④)。そこで初めて感情反応が自覚され，主観的体験となるのである。ジェームズ=ランゲ説は，このように，末梢反応が感情の主観的体験には不可欠であると考えることから，**末梢起源説**とも呼ばれている(**コラム 2·1**，および 6 章参照)。

(2) キャノン=バード説：中枢活動の自覚的体験としてのうれしさ

これに対して，キャノン(Cannon, W. B., 1927)は，主観的体験には，末梢からの情報は不可欠ではなく，中枢内の反応として説明できると主張した。その根拠として，キャノンらは，動物実験で内臓と中枢との神経連絡を断っても感情反応に大きな変化はないこと，内臓の反応は緩慢であるため，私たちが自覚する感情体験の種類や素早い変化を説明できないことなどを挙げている。その後，彼の指

2-2 古典的感情理論 **35**

導する大学院生でもあったバード（Bard, P.）とともに理論を発展させたことから，この理論は**キャノン＝バード説**と呼ばれるようになった。

図 2·2 (b)に示したように，感情反応は，中枢の一部である視床下部（hypothalamus）*）の活動の結果として生じるとキャノンらは考えた。まず，受容器からの情報（①）が視床下部を経由して大脳皮質で処理される（①′，③）。また視床下部からの指令により，決まったパターンの反応として骨格筋や内臓の活動が生じる（②）。それと同期して主観的体験としての感情が自覚される（④）。つまり，大まかにいえば，2–1 節の冒頭で説明した感情の 3 つの側面についての説明と同様の主張をしたのである。彼らの理論は，感情の主観的体験の説明に中枢活動を重視することから，**中枢起源説**とも呼ばれる（6–3 節参照）。

キャノン＝バード説は，脳の構造などの細部については不正確な点もあるが，感情にかかわる現象を脳の神経生理学的な仕組みとの関係で説明しようとする研究の先駆けとなった。その後，**帯状回**（cingulate cortex）の役割を重視し，**パーペッツ回路**と呼ばれる感情中枢のモデルを提唱したパーペッツ（Papez, J., 1937）や，とくに**扁桃体**（amygdala）の働きに注目したマックリーン（MacLean, P. D., 1969）などの研究を生み出す契機となった（2–4 節参照）。

＊）当時は視床（thalamus）と考えられていた。

─── コラム 2・1 ───

新しい末梢起源説：血流が感情を変える

　ザイアンスら (Zajonc et al., 1989) は，表情筋の動作パターンによって顔や頭部の血流が変化し，感情体験に影響を与えるという**顔面血流説**を唱えた。前提として，私たちは体温の上昇を不快に感じるため，内頸動脈によって脳に供給される血液温度が高いと不快，低いと快の感情を体験すると考える。ザイアンスらは，鼻腔に冷却された空気を送り込む実験をおこない，この前提を確認している。

　脳に供給される血液温度に影響を与える仕組みとして，内頸動脈が脳に到達するちょうど手前に位置する海綿静脈洞という解剖学的構造が重要な役割を果たしていると考えられた（**図 2・3** 参照）。海綿静脈洞は，その名前の通り，あたかも海綿（スポンジ）のように見えるほど静脈の血管が密集している部位である。そこは，皮膚の表面近くを通り，冷えた静脈の血液が集まって冷却装置の役割を果たし，心臓から送られてきた内頸動脈の血液温度を下げる働きをする。この，海綿静脈洞に多くの血液が流れ込むと効果的に熱交換がおこなわれ，温度の下がった動脈の血液が脳に供給される。結果的に快感情を生み出す。一方，海綿静脈洞への血液の流れが抑制されると熱交換の効率が下がり，脳に供給される血液の温度が下がらない状態になるため，不快感情を体験すると考えられる。

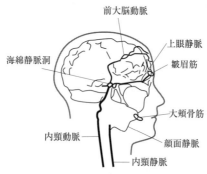

図 2・3　頭部の血管と表情筋
出典）　Zajonc, Murphy, & Inglehart (1989) を改変

2-3 感情の認知的評価理論

ザイアンスらは，このような海綿静脈洞への血液の流れを左右する要因として，表情筋（3章の**コラム 3・1** 参照）の働きを想定した。眉間に縦皺を寄せるような動きをする皺眉筋が活動すると，その下を通る静脈が圧迫され，海綿静脈洞への血液の流れが抑制されることになる。その結果，海綿静脈洞の熱交換の効率が下がり，不快感を体験することになる。同様に，口の端（口角）を斜め上に引き上げ，笑顔を作る中心的役割を果たしている大頬骨筋が活動し，その下を通る静脈を圧迫すると，頬から心臓に向かう血流がせき止められ，海綿静脈洞の血流量が増えることになる。結果的に，熱交換の効率が上がり，快感情を生み出すと考えられる。

因果関係としては，不快だから眉間にしわを寄せるのではなく，眉間にしわを寄せる表情をするために不快になる。また，快だから笑顔になるというのではなく，笑顔を作り出す表情筋を動かすために快になるということである。ザイアンスの顔面血流説は，この意味で，末梢起源説の一つとも考えられる。

この説では，快・不快の感情体験のすべてがこのように説明できるとしているわけではないが，表情のような表出行動と，生理反応，主観的体験の相互関係を考えるうえで，実に興味深い視点を与えてくれている。

• • ● 2-3 ● • •
感情の認知的評価理論

古典的感情理論は，感情反応としての主観的体験がどのような仕組みで生じるかを説明しようとするものであった。しかし，そもそも，喜び，悲しみ，怒りといったさまざまな感情はどのようにして異なるものとして体験されるだろう。この節では，感情の種類，質の違いを生じさせる喚起プロセスに焦点をあてた理論を紹介する。

(1) 2要因説：ジェームズ＝ランゲ説から認知的評価理論へ

シャクターとシンガー(Schachter, S. & Singer, J., 1962)は，感情が2つの要因，すなわち生理的覚醒と認知的ラベルづけ(評価)に基づいて生じるとする**2要因説**を唱えた。例えば，ジェットコースターに乗ると，大きな音と振動を立てながら大小の坂を上下し，急なカーブを曲がることなどにより生理的覚醒が高まる。この覚醒度の変化は，感情の量的側面すなわち感情の強度を決めるが，それだけでは感情の種類は決まらない。この覚醒状態の生じた理由を認知的に説明する(解釈する)ことにより，はじめて**感情の質**つまり種類が決まる。例えば覚醒状態が生じた理由を，スリル満点でストレス解消になる快な体験をしているからだと解釈すれば，この時の感情体験は楽しさや喜びといったものになる。しかし，スピードが出すぎていて危険であり，体がゆすられると気分も悪くなると解釈すれば，恐怖や不快感情を体験することになる。

この理論は，ものごとを因果的に説明しようとする人間の傾向に焦点を当てた**帰属理論**の一つである。つまり，感情を体験するためには，ジェームズ＝ランゲ説が主張するように何らかの生理的覚醒が生じる必要があり，さらに，その覚醒が生じた理由を説明する手がかりを探し，その手がかりに(覚醒の)原因を帰属させること，つまり認知的にラベルづけをすることが必要となる。

なお，実際には，認知的ラベルづけには，誤り(**誤帰属**)が生じることもある。実験的に作り出された覚醒水準の変化を，本来その覚醒を引き起こしたものとは異なる手がかりに帰属させることで，異なる感情として体験することがあることも報告されている(**コラム2・2**参照)。

2要因説では，認知的ラベルづけの重要性を指摘しているが，喜

2-3 感情の認知的評価理論 **39**

───── コラム 2・2 ─────

つり橋の実験：ドキドキするのは何のせい？

「不安の喚起が性的魅力を高める」というタイトルの研究がアメリカでおこなわれた(Dutton, D. G. & Aron, A. P., 1974)。この研究は2要因説を検証したつり橋実験として有名であるが，その方法が少し変わっている。

ダットンとアロンは，高い谷を越えて設置された不安定なつり橋と通常の安定した橋を渡るという2つ状況を設定した。そしてそれぞれの橋を渡ってくる男性(18〜35歳)に対して，男性もしくは「魅力的な女性」のインタビュアーのどちらかが声をかけ，調査への協力依頼を申し出るというシナリオを用意した。

橋の中央で男性歩行者に声をかけたインタビュアーは，心理学の課題研究として「きれいな景色が創造的表現力に与える効果について」の調査をおこなっていると説明し，調査への協力を求めた。調査は，性別や年齢などの簡単な項目への記入と，TATという投映法で用いられる図に基づいて簡単な物語を書いてもらうというものであった(この物語作成の課題によって，協力者の性的喚起の度合いを調べた)。最後に，インタビュアーは，「調査について説明をしたいので，時間があるときに連絡をください」といって，自分の名前と電話番号を書き込んだメモを男性歩行者に渡した。

このフィールド実験では，つり橋を渡ることが，不安，覚醒を喚起する実験条件であり，固定された橋を渡ることが統制条件とみなされた。独立変数はこの不安・覚醒喚起の有無とインタビュアーの性別である。

結果は予想通りとなり(**表2・1**参照)，つり橋条件では，インタビュアーが女性の場合では，電話番号のメモを受け取った人数も，実際に電話をしてきた人数も多く，また，投映法の物語の作成で測定された性的傾向も高いことがわかった。ダットンとアロンは，この結果を，調査協力をした男性たちは，つり橋によって喚起された生理的覚醒の原因を，自分に声をかけてきた魅力的な女性に対する好意と錯覚してしまい，誤帰属をおこなったことを反映していると解釈している。ハラハラ，ドキドキした真の原因は不安定に揺れる橋を渡ったことにあるにもかかわらず，「魅力的な女性」に出会いトキメイタためだとみなしてしまったというわけである。

表 2·1 実験結果（実験対象者の行動と性的傾向）

インタビュアーの性別	質問紙へ回答した人の割合	電話番号を受け取った人の割合	電話をかけてきた人の割合	性的傾向得点
女性				
・固定された橋	22/33	16/22	2/16	1.41
・つり橋	23/33	18/23	9/18	2.47
男性				
・固定された橋	22/42	6/22	1/6	.61
・つり橋	23/51	7/23	2/7	.80

び，悲しみ，怒りのようなさまざまな感情の違いがどのように決まるのかについては十分な説明はできていない。以下の(2)では，認知的ラベルづけである評価のプロセスに焦点を当てた理論を紹介する。

(2) 認知的評価理論

a. はじまり：一次評価と二次評価

1960 年代に，アーノルド(Arnold, M., 1960)は感情の認知理論を提唱し，その中で古典的感情理論ではどのように感情が生じるのかという感情喚起のプロセスが説明されていないことを批判し，感情の種類は，環境がどのように評価されるかによって決まると主張した。

彼女は評価対象となる刺激が自分にとって有益か有害かが重要な基準となり，さらに，対象に関する個人の経験や目標との関連が評価の基準となると主張した。つまり，同じ対象であっても，人によってその対象とのかかわり方が異なれば，その評価にも差異が生じ，喚起される感情も異なるということである。

ストレスと**対処(コーピング)**研究の第一人者であるラザルス

(Lazarus, R., 1966)は，認知的評価には2段階あり，最初の段階(**一次評価**)では，状況が自分にとって脅威となるかどうかを評価し，それが脅威的と判断されれば，次の段階(**二次評価**)で，その状況に対してどのように対処するかを評価すると主張した。ラザルスの1次評価もアーノルドの提唱した認知的評価も，意識化される前の素早い情報処理を想定しており，ラザルスの2次評価ではさまざまな知識や推論を含む高次の認知プロセスを含む情報処理を想定している(**コラム2・3**参照)。

b. 認知的評価理論の展開

アーノルドに端を発した認知的評価理論については，今日まで，多くの研究者によってさまざまな説が展開されてきた。ケルトナーら(Keltner, D. et al., 2013)は，評価プロセスについての考え方には異なる立場があるが，認知的評価理論に共通している点は，いくつかの重要な評価次元に沿って内外の環境からの情報を評価する結果として，特定の感情が生じるという考え方であると指摘している。

例えば，ラザルス(1991)の主張する評価次元は，目的との関連性(自分のさまざまな利害と関係があるか)，目的との一致(自分の目的に有益か否か)，エゴ関係性(自己実現にとって有益か否か)の3つである。これらの評価次元が対象に当てはまるか否かが評価されることによって，さまざまな種類の異なる感情が生じると考えられる。

また，スミスとエルスワース(Smith & Ellsworth, 1985)は，快の程度，注意の程度，統制の程度，確実性，目標妨害の程度，正当性，責任の程度，予想される労力という8つの項目が感情に共通する重要な評価次元としている(**表2・2**参照)。

スミスらは，調査協力者に，「興味」，「喜び」，「希望」など15

表2・2　認知的評価理論における評価次元

評価次元	内　　容
快	どの程度，快，または不快か
注　意	自分に感情を引き起こした事態について，どの程度注意を向けたり考えたりするか。
統　制	感情を感じている状況で，自分や他者がどの程度その状況のことを統制できると感じるか。
確実性	感情を経験している状況で，どの程度その状況を理解・把握・予測しているか。
目標の妨害	感情を経験している状況で，どの程度解決すべき問題があり，自分の目標が妨害されていると感じるか。
正当性	感情を経験している状況で，どの程度そのことを正当である，もしくは，不正であると感じるか。
責　任	感情を経験している状況で，どの程度その状況について自分，または他者に責任があると感じるか。
予想される労力	感情を経験している状況で，その状況に対処するためにどの程度労力が必要と感じるか。

出典）　Smith & Ellsworth (1985) Table 3 を簡略化して記載

種類の感情についてイメージするように求め，これら8つの評価次元のすべてに対する評価を求めた。その結果，例えば，「興味」は，快であること，注意を惹くこと，将来のよい結果に関しては中程度の確実性が評価され，さらに，状況が生産的である（妨害的でない）という感覚，努力に値するという感覚，などと結びついていることが見られた。また，「喜び」は，快であること，注意の程度の高さ，確実性の高さ，労力の程度の低さに特徴づけられる感情であることが示された。

　このような認知的評価に関する研究によって，重要な基準となる評価次元が確認され，異なる種類の感情がどのようにして喚起されるかが説明されてきた。なお，このように，基準となる評価次元に

── コラム 2・3 ──

認知が先か感情が先か：ラザルス-ザイアンス論争

　ある刺激対象をただ繰り返し見ただけで，そのことを自覚的に思い出すことさえできないような場合であっても，その対象への好意度が上がるという単純接触効果と呼ばれる現象がある。この現象をもとに，ザイアンス(1980)は，対象に対する好み(like)という感情的判断は，自覚された評価といった認知判断とは異なるプロセスによって作られると主張した。

　ザイアンスは，本文でも取り上げたラザルス(1966)の認知的評価理論を批判して，認知的評価理論は，意識化されない素早い情報処理から，記憶や推論などの統合的な情報処理のようなさまざまな処理プロセスを，すべて認知という用語で説明しようとしていると主張した。これに対してラザルス(1981)は，感情が喚起されるためには何らかの情報が処理されているはずであると反論し，議論が繰り返された。

　結局，議論は平行線のままであったが，この論争は，感情と認知という概念の問題，つまり，何を認知と呼び，何を感情と呼ぶかという定義の問題を提起することとなった。具体的には，あらゆる種類の情報処理を認知と呼ぶのか，情報処理を何らかの基準で分類し，ある特徴を備えた情報処理については特別な名称を与えた方が説明効率に優れているのかといった問題である。ザイアンスは，それぞれの情報処理に，感情と認知という異なる名称を与えるのが良いという考え方であり，ラザルスは区別する必要はないという考え方である。

　現時点では，感情が関与する人間の情報処理の説明においては，ルドゥーの2つの経路(2-4節(3)を参照)，カーネマン(Kehneman, D., 2011)のシステム1，システム2という区別もなされており，これら2つを区別をすることに一定の意味があるとみなされている。速い処理(システム1)は習慣化された反応や生物学的反応を含む，素早い，自動的な反応の仕組みであり，時間をかけた熟考型の処理(システム2)とは異なるものと考えられている(5章の5-3節(3)も参照)。

対する認知的評価を統合して感情が決定されるという考え方は，3章で取り上げる感情の次元説や，さらには，心理的構成主義とも強く関連している。

2-4 感情の神経生理学的理論

感情に関わる心理的現象（主観的体験）が脳の働きとの関係でどのように説明できるかが古典的理論の関心事であった。ここでは，感情を，脳の神経生理学的な仕組みとして解明しようとしてきた研究を紹介する。

(1) システムとしての感情中枢

感情中枢は視床（視床下部）であると考えたキャノン＝バード説に対して，とくに帯状回の働きに注目しつつ，一連の皮質や神経核（のちに大脳辺縁系（limbic system）と呼ばれる）を重視する説が唱えられた。これは，感情を単一の皮質や神経核の活動としてではなく，皮質や神経核の集まりである回路の働きとして説明しようとするものである。

この回路は，提唱者である解剖学者の名前をとって**パーペッツの回路**と呼ばれており，主に，海馬（hippocampus），脳弓（fornix），乳頭体（mamillary body），視床前核（anterior nucleus of the thalamus），帯状回から構成される。パーペッツは，視床下部と辺縁系の両者が感情の解剖学的基礎になっていると論じ，さらに視床下部が生理反応や表出行動のような末梢における感情の喚起に関係し，辺縁系が主観的体験に関係しているとみなした。

また，今日広く用いられている意味での**大脳辺縁系**という用語を導入したマックリーンは，大脳辺縁系の中でとくに扁桃体の働きを重視する説を唱えた。マックリーン(1990)は，人間の脳の構造が，ワニに乗った馬にまたがる人間とたとえられるような，3つの部分から成り立っているという，三位一体説をとなえた(**コラム2・4**参照)。

(2) パンクセップの基本感情の回路

個別の感情と神経生理学的構造との関係をより明示的に主張している研究者に，アメリカの神経科学者パンクセップ(Panksepp, J., 1998)がいる。パンクセップは，ヒトと他のほ乳類には共通の基本感情システムがあると主張し，その基本感情システムは脳の構造である神経回路の働きとして規定することができ，特定の部位への電気的，化学的刺激によって一貫したパターンの反応を引きおこすことができるとした。

パンクセップは，具体的な基本感情システムとして，探索(期待，欲求)，怒り(フラストレーション，拘束)，恐怖(痛み，脅威)，欲望，世話(母性的養育)，悲痛(以前はパニックとしていた)，遊び(荒っぽい遊び，喜び)の7種類があるとしている。これらのシステムは，個別の回路として大脳辺縁系に存在しているとしている。また，前頭皮質のような高次の脳部位が作動することはまれであることから，高次の脳部位は感情を制御する働きはしても，感情システムの中心的な役割は果たしていないとしている。

以下では，これらの回路のうち，**図2・5**に示した探索，怒り，恐怖，悲痛を取り上げて，パンクセップの主張する解剖学的構造との対応を説明する。探索は期待と関係し，解剖学的には，一般に，

─── コラム 2・4 ───

脳の三位一体説：ワニに乗った馬にまたがる人間

マックリーン(1990)は，脳の機能を系統発生の3つの段階と対応させて説明する三位一体説を唱えた。この説によると，ワニに対応するのは，脳幹，中脳，大脳基底核などの古皮質を中心にした部分で，爬虫類の脳に相当し，呼吸や体温調整のような生命維持，再生産に関わる性行動の調整などを中心的に担っている。馬に対応するのは，大脳辺縁系を中心にした旧皮質で，馬や犬，猫のような旧哺乳類で発達した脳に相当し，感情体験の統合に重要な役割を果たしている。とくに，扁桃体を中心にした回路は，食物摂取，闘争，自己防衛のような自己保存のための利己的な欲求に関係した感情に対応しており，中隔や乳頭視床路，帯状回が関係する回路は，社交性や性欲のような社会の維持や種の保存にかかわる感情に対応しているとしている。

さらに，人間を含む霊長類で発達したのが，新皮質であり，高度な情報の処理と統合，言語と結びついた論理的判断をおこない，不要な試行錯誤をすることなく適切な行動を選択するためのシミュレーション能力などと結びついている。

怒りのあまりついひどいことを言ってしまった場合のように，感情的にふるまうことの問題が指摘されることが多いが，三位一体説の観点からすると，このような問題は感情システム自体の問題というより，これら3つの構造のバランスの問題である。例えば，騎手である新皮質が感情中枢(馬)の暴走をうまく抑えるように，これらの構造がどのように全体として調和のとれた状態を保つことができているかという問題となる。この説については近年批判もされているが，人間の脳全体の機能を巨視的にとらえるうえで有益なモデルになっているとみなされている(Buck, 2014)。

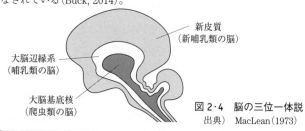

図 2・4 脳の三位一体説
出典） MacLean(1973)

2-4 感情の神経生理学的理論

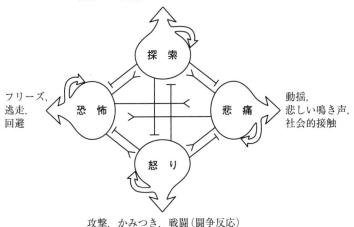

図 2·5 パンクセップの基本感情システム
出典） Panksepp(1998)を改変

自己刺激につながるような快感情の中枢とも考えられている外側視床下部を通る内側前脳束(medial forebrain budle)と関係している。怒りは，体表面への不快刺激や拘束，フラストレーションによって引き起こされ，解剖学的には，扁桃体と視床下部の脳弓周辺領域に関係している。この領域は，攻撃行動と関連するとも考えられている。探索と怒りの回路は，相互に抑制的に作用しあっており，一方の活動が高まると他方の活動が減少する。

恐怖は，脅威となる刺激によって喚起され，通常，逃走反応を引き起こす。解剖学的には，扁桃体に関連づけられているが，これは，逃走が失敗した時に，怒りの反応でもある闘争反応が生じることとも関係していると考えられている。悲痛については，母子分離のような典型的状況によって喚起されるが，解剖学的には，中隔，帯状

回,視床内側部,前視床下部から中脳(midbrain)まで広がる脳領域が関係した回路が想定されている。

(3) ルドゥーの2過程説

アメリカの脳神経科学者であるルドゥー(LeDoux, J., 1996)は,恐怖感情の聴覚情報処理に関する脳神経機構の研究から,知覚された情報の処理には,低次経路(low road)と高次経路(high road)の2種類があることを見出した(図2·6参照)。低次経路は,感覚器官によって受容された情報が視床の内側膝状体(medial geniculate nucleus)を経由したのちに,直接,感情中枢である大脳辺縁系の扁桃体などに至る経路である。個体の生存にとって重要な情報があれば,ここで即座に反応し,対応できる仕組みになっているとした。

この仕組みは,例えば,急に大きな音がした,物陰からさっと何かが現れたといった環境の変化に対して,即座に,驚いたり,恐怖を感じさせたりするといった反応を引き起こすことを可能とし,また,そうすることによって潜在的な危険に適切に対応する可能性を高め,生物としての生存確率を高めることに結びついていると考え

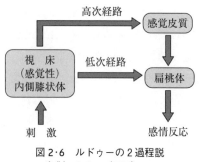

図2·6 ルドゥーの2過程説
出典) LeDoux(1996)

られる。

　もう一つの高次経路は，知覚された情報が内側膝状体を経由したのち，皮質感覚領域(sensory cortex)や連合野(association area)などに送られ，より複雑な処理を経た後に扁桃体に送られ，さまざまな要因を考慮に加えた判断を可能にしている。また，先行して低次経路を経て扁桃体で処理された情報が，高次の情報処理を方向づける作用もあると考えられている。論理的，合理的判断や熟慮といった思考プロセスも，低次経路の影響を受けると説明することができる。

　これら2つの経路では，媒介しているニューロンの数の違いなどもあり，実際に低次経路の方が素早く処理され，反応に至る。扁桃体などの感情中枢の反応として生じた感情反応の強度が強い場合は，高次経路による情報処理を待たず，即座に身体反応が現れることになる。ついカッとなって手をあげてしまったり，乱暴なことを言ってしまったりするようなことは誰にでも起こりうることで，感情的にふるまうことはよくないといわれるケースである。

　オレオレ詐欺のような事件が，これだけ注意喚起を経た後でもなくならないのは，最初に電話で聞かされた自分の子や孫のような大切な肉親(と思われる人)の泣き声などによって喚起された強い感情反応が，その後のいわゆる理性的反応に先んじて，私たちの行動を方向づける作用があるためと説明することができるだろう。

　ルドゥーが提唱したこの2過程説は，感情と認知の関係にとどまらず，生物学的な反応や過剰学習により固定化された反応のような速い情報処理と，より高度な情報処理をともなう遅い情報処理として，より一般的な人間の情報処理や判断の特徴として捉えられている(コラム2・3参照)。

(4) ダマシオのソマティック・マーカー説

ダマシオ(Damasio, A., 1994)は，事故や腫瘍などによる脳損傷患者を対象におこなった脳神経科学的研究に基づいて，ソマティック・マーカー(somatic marker)説を提唱した。ダマシオは，腹内側前頭前野(ventromedial prefrontal cortex) を損傷した患者が，知能や記憶などの機能には全く問題がないにもかかわらず，次の通院日を決定するような何気ない日常生活上の意思決定や行動ができないことに注目した。

このような患者に感情刺激を提示して観察したところ，感情反応の指標とされる末梢の皮膚電位反応が生じていないことが分かった。一般には，なんとなくAよりBが良いとか，なんとなくこれは嫌だといった，漠然とした感情情報に基づいて意思決定がおこなわれるが，患者は，意思決定においてそのような感情情報を使えなくなっている可能性があると考えられた。

ソマティック・マーカー説では，自分にとっての良し悪しといった感情に伴って生じるさまざまな身体反応が，腹内側前頭前野にマーカーとして蓄積され，意思決定の手がかりとして利用されると考える。このような身体反応には，ホルモンの分泌や内臓反応，表情などの身体動作に伴う骨格筋の変化などが含まれる。ダマシオは，実際に反応が喚起され脳に信号が送られる経路(身体ループ)に加え，脳内でそのような反応をシミュレーションする経路(「あたかも(as-if)身体ループ」と呼ばれる)があると考えた。いずれの経路にしても，身体反応は対象の価値を評価した結果誘発された感情状態であり，そのような状態がマーカーとして機能するようになり，無自覚的に(意識されないまま)意思決定に影響を与えているということである。

このようなシステムの神経基盤について，ダマシオは，生得的あるいは学習された感情刺激による身体反応の喚起には扁桃体が関与し，思考や記憶などがかかわる感情反応の喚起には腹内側前頭前野が，身体反応の脳での処理，および「あたかも(as-if)身体ループ」での脳内シミュレーションには体性感覚野が関与するとした。このように，ソマティック・マーカー説の特徴は，意思決定において感情が重要な役割を果たしていること，つまり大脳皮質とさまざまな皮質下構造体がかかわる中枢システムの全体的活動によって意思決定がおこなわれるとしている点にある(6章も参照)。

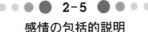

2-5 感情の包括的説明

これまで紹介してきたように，多くの感情理論は，感情の諸側面の一部，もしくは基盤となるハードウェアの仕組みに焦点を当てた説明を試みている。しかし，感情は総体としてこれらすべてにかかわる現象であり，その全体像を説明することも同時に必要となる。ここでは，そのような包括的観点からの理論として，シェーラー(Scherer, K.)の**要素処理説**(component process model)とバック(Buck, R.)の**発達相互作用論**(developmental interactionist theory)を紹介する。また，**コラム 2・5**では，日本の研究者である戸田正直のアージ理論を紹介する。

(1) 要素処理説

シェーラー(1984, 2001)は，感情を系統発生の過程で進化した生き残りのためのメカニズムと定義し，要素処理説を提案した。この

説では，個体は内外の刺激状況についての情報（次元）を順次評価していく刺激評価照合（stimulus evaluation check）を連続的におこなっており，その一連の評価の結果，生理的，身体的反応を含む，包括的な反応の総体として感情が生じるとしている[*]。

つまり，個体は，ある刺激状況において，生き残りのために重要性の高い性質を緊急度の高いものから順に評価している。その性質とは，大まかには，①新奇性（非予期性），②本質的快（快−不快），③目標との関連性，④対処の可能性と因果関係の帰属，⑤刺激状況の社会的規範や自己概念との適合性5項目である。個別の感情は，これらの項目の一連の評価がおこなわれた結果として生じると考えられる（すべての感情に全項目の評価が不可欠というわけではない）。

例えば，切符売り場の窓口に並んでいたときに，横から見知らぬサラリーマンが割り込んできて，驚き，あきれるのと同時に不満や怒りのような感情を経験したとしよう。その時の感情は，予期せぬ出来事で（①新奇性（非予期性）の評価），不快で（②快・不快の評価），自分の目標を妨げ（③目標との関連性の評価），自分で対応することはできそうで（④対処の可能性の評価），非常識で反道徳的なこと（⑤社会的規範との対応についての評価）という評価をおこなった結果，生じたと説明することができる。

表2・3に，刺激・状況の評価結果が，さまざまな生体機能，社会的機能とどのように関係し，生体の支援システム，動作システム

---

[*]　シェーラーは，感情を，系統発生の過程で進化したメカニズムとし，次の5つのサブシステムの，すべてか，そのほとんどの状態に，相互に関連性のある同期した変化が生じるような出来事として定義している。5つのサブシステムとは，情報処理システム，反応調整の支援システム，実行システム，行動システム，モニターシステムである。

2-5　感情の包括的説明

表 2・3　要素処理説による評価と生体の反応の関係

評価結果	生体機能	社会的機能	支援システム	動作システム					
				筋の緊張	顔面	声	道具的行動	姿勢	移動
新奇性									
新奇	方向付け 焦点付け	警戒	方向付け反応	局所的変北	眉, 瞼が上がる	中断 吸入	中断	真直ぐ伸びる 頸部をあげる	中断
旧知	平衡	再確認	変化なし	変化なし	目, 鼻孔が開く	変化なし	変化なし	変化なし	変化なし
本質的快									
快	協調	推奨	感覚器の鋭敏化	わずかに低減	目, 鼻孔の拡大「甘い時の顔」	ゆったりした声	求心的な動き	拡大 開く	接近
不快	排除 拒否	警告 非推奨	防御反応: 非推奨化	増大	目, 鼻孔の閉塞「酸っぱい顔」	窮屈な声	遠心的な動き	収縮 閉塞	回避 距離をとる
目標(欲求)									
一貫的	緩和	安定性の公表	栄養指向性への推移	低減	緩和状態	緩和された声	楽な姿勢	楽な姿勢	休息の姿勢
妨害的	活性化	活性化の公表	作業指向への推移	増大	皺鼻筋	緊張した声	課題に依存	課題に依存	課題に依存
対処の可能性									
統制力なし	再調整	引き下がりを意味する	栄養指向が優位	低緊張	瞼が下がる	ゆるんだ声	活動がないか遅くなる	前かがみ	活動がないか遅くなる
強い統制力	目標主義	優位性の主張	作業・栄養均衡 ノルアドレナリン呼吸容量	頭部と首にわずかな低減	歯をむき出す 目を緊張させる	大きい声	敵対的動き	身体をしっかり固定し, 前に傾ける	接近
弱い統制力	防御	従属を意味する	作業が優位 アドレナリン末梢血管の収縮 吸収率上昇	移動関連領域に高緊張	口を開く	か細い声	防御的動き	移動の準備状態	素早い移動 か, くぎ付け

　規範や自己概念との適合性については省略されている。対処の可能性については, 対処能力のみが取り上げられている。
　出典)　Scherer(1992, 1997)を改変, 中村(2002)

にどのような反応を引き起こすかをまとめた。表の左端には, 「新奇性」, 「本質的快」といった上記の評価項目(⑤を除く)と, 新奇・旧知, 快・不快といった項目ごとの評価結果がリストされている。
　シェーラー(1997)は, これらの評価項目が人間に共通した普遍

的なものであることを確認するために，喜び，恐れ，怒り，悲しみ，嫌悪，恥，罪悪感について，37か国で3000人近くの協力者を対象に国際比較調査を実施している。協力者は，それぞれの感情を経験した時の状況を思い出し，上記の評価項目のそれぞれについて回答するように求められた。その結果，多少の文化差はあるものの，回答には共通のパターンがあることがわかり，これらの評価項目がヒトに共通している可能性があることが裏づけられた。

　要素処理説は，情報をいくつかの評価基準に沿って評価した結果として感情が喚起されると説明する点で，認知的評価モデルの一つといえる。

　ただし，この説の重要な点は，シェーラー(2001)が，これらの評価項目を単に認知的な側面にとどまらず，**表2·3**に示したように，生体や社会における機能，生理的反応や観察可能な行動をも説明の対象にしていることである。要素処理説については，3章でさらに詳しく取り上げる。

(2) 発達相互作用説

　アメリカの心理学者バック(1984, 1999)は，感情の発達と環境との相互作用を重視した発達相互作用論を唱えた。バック(2014)はその後，この理論をより包括的な理論として展開させているが，本章では，その中心的テーマである**生物学的感情**と，生物学的感情の発達によって育まれる**高次感情**について紹介する(中村，2006)。

　発達相互作用論によると，人間には生まれながらに備わった2種類の生物的感情がある。一つは愛着に代表される対人的な**向社会的感情**であり，他方は，個体としての生き残りの能力を高めることにつながる好奇心に代表される**探索感情**である。これらの生物的感

2-5 感情の包括的説明

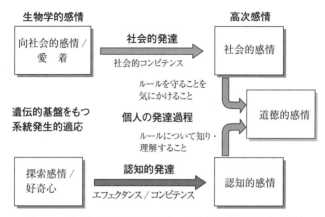

図 2・7　バックの発達相互作用論：生物学的感情と高次の感情
出典）　Buck(2005)を改変，中村(2006)

情は，発達のプロセスを通じて適切な経験を積み重ねることで，高次感情へと発達していく。高次感情としては，**社会的感情**と**認知的感情**が想定されており，両者が備わることで，さらに**道徳的感情**が育まれる（**図 2・7** 参照）。

愛着に代表される向社会的感情には，愛，孤立，拒絶，パニックなどが関係する。これらの感情は，個人の発達過程における対人相互作用を通じて生じる関係の調整やその際に生じる感情や行動を繰り返し経験することで，高次感情として，喜び，傲慢，嫉妬，誇り，うらやみ，称賛，恥，軽蔑，罪悪感，憐みといった社会的感情に発達する。

一方，好奇心や興味のような探索感情は，環境における事物との相互作用により，希望，幸福・喜び，満足，恐怖，疑念，悲しみ，フラストレーション，失望，退屈，無関心などの認知的感情へと発

達する。つまり，土をいじったり，おもちゃで遊んだりすることにより，事物の性質や仕組みについて興味を持ち，理解することの面白さや喜び，難しさを体験することによって，これらの感情を身につけ認知能力の発達をうながすとしている。

さらに，認知的感情が発達し，認知能力を身につけることは，私たちの社会生活を円滑なものにするためのさまざまなルール（約束を守る，自分が嫌なことは人にしない，など）を理解することにつながっていく。それらと並行して，社会的相互作用や他者との関係を通じて，すなわち社会的感情が発達することにより，さまざまな社会的ルールが適切に用いられているかを気にかけるようになっていく。さらに，このような社会的ルールの理解とその適用についての気遣いの両者が備わることにより，道徳的感情が発達する。バックは，道徳的感情として，社会的感情として身につけた感情の一部である，誇り，罪悪感，うらやみ，称賛，憐みをあげている*)。

発達相互作用論は，個々の感情の喚起過程や反応の特徴についての説明だけではなく，感情全体の関係や認知や行動などとの関係，さらに，その全体的な発達のプロセスについて説明しようとするものである。

発達初期に極度の虐待を受けたことなどにより，適切な対人相互作用を経験する機会に恵まれなかった場合に，社会的感情の発達に問題が生じるケースがある。また，知的障がいなどのために十分な認知的感情の発達に至らないことにより，認知能力の発達に制約がありルールを理解できないケースがあるなどの事例もある。これらの事例は，この理論の枠組みを支持するものと考えられる。なお，

＊）道徳的感情，もしくは道徳感情については，さまざまな説がある（4-4節参照。）

2-5 感情の包括的説明

念のため注意をしておくと，この理論で想定している環境との相互作用は特別に高度なものではなく，通常の環境の下で子どもがある程度自律的に遊ぶことができ，大人と子ども，子ども同士の交流があれば十分に実現されるレベルのものである。

=== コラム 2·5 ===

感情のアージ理論

　日本の研究者である戸田正直も包括的な感情理論を提唱している。アージ理論と呼ばれる，みずからの感情理論をシミュレーションしようとした先駆的な研究をおこなった心理学者である。

　戸田(1990)は感情を，進化プロセスの中で獲得された野生環境の特徴に適合した適応的選択をおこなう高度な合理性を持ったシステムとみなした。ここでいう合理性とは，思索の結果として得られた自覚された活動の合理性ではなく，そのシステムに従っていれば，そこが野生環境である限り，結果として合理的な活動ができるという，進化上の適応という意味での合理性である。さらに，野生環境から文明環境への環境の変化に応じて感情の働きのどの部分が合理性を欠くようになったかを，両環境間の特徴の違いから，理論的に導き出すことが可能となると指摘している。

　さらに，戸田は，野生環境を背景とし，遺伝的に基本枠が設定された行動選択・実行用の心的ソフトウェアの適用範囲は，従来の感情という名で呼ばれているものをはるかに超えているとし，このような心的ソフトウェアの全体をアージ・システムと呼んだ。とくに，認知された外部状況に応じて適応的な行動を選択し実行するアージ・システムの状況別の働きをアージまたはアージの活動プランと呼び，怒り，恐れ，恋など一般に感情と呼ばれているものの大部分を個別のアージと呼んだ。

　アージ理論は，感情と感情に密接にかかわる心のソフトウェア機能に関する包括的な説明を目標にした統一理論であり，これまでこの理論に基づいたシミュレーション実験が国内外で繰り返しおこなわれてきた。

◀ま と め▶

□ 感情反応の3側面，すなわち，生理反応，表出行動，主観的体験について説明した。

□ 感情反応の3側面と関連づけて，感情の基礎理論を古典的理論，認知的評価理論，神経生理学的理論，包括的理論に分けて概説した。

□ 感情理論は日々精緻化し，発展してきているが，ここで紹介した理論は，新しい理論を読み解くうえでも，重要な基礎となっている。

◀より進んだ学習のための読書案内▶

ジェームズ，W.／今田　寛(訳)（1992）.『心理学〈上・下〉』岩波書店
　☞心理学の古典の中でも，最も影響力のあるものの一つ。ジェームズ＝ランゲ説として本文でも解説した感情の説明はもとより，心理学のさまざまな側面について論じており，現在の観点からも非常に示唆的な考察がなされている。

福田正治(2006).『感じる情動・学ぶ感情─感情学序説』ナカニシヤ出版
　☞日本ではあまり例がないが，感情の包括的理論を提案している。著名なさまざまな理論を踏まえつつ，独自の理論を展開している。

バック，R.／畑山俊輝(監訳)（2002）.『感情の社会生理心理学』金子書房
　☞原著は，*"Human Motivation and Emotion"* すなわち，人間の動機づけと感情である。生物学，神経生理学から，社会心理学，社会学に至るさまざまな研究分野を踏まえた議論がなされている。

3章

感情理論の展開

基本感情説と次元説，その後の感情理論の展開

キーワード
基本表情，基本感情説，次元説，心理的構成主義，コア・アフェクト，要素処理説

　この章では，ダーウィンに端を発し，今日まで強い影響力をもつ基本感情説と，より少数の基本要素による説明を試みる次元説，さらに次元説を基礎に展開されてきた心理的構成主義について説明する。また感情の心理学的研究において中心的テーマの一つになっている表情研究に焦点を当て，表情の普遍性すなわち表情が人類に共通しているものであるかどうかに関する議論を紹介し，感情の諸理論との関連性について説明する。

3-1
基本感情説と次元説

　科学的説明とは，説明対象を分析し，その基本要素を抽出するこ

とから始まる。例えば，人間の色の知覚について説明する際には，3原色と呼ばれる赤，緑，青に対応する色を知覚する仕組みによって，すべての色の知覚が説明できるとされている。感情については，喜び，怒り，悲しみのような，いくつかの基本となる感情を想定する**基本感情説**と，それをさらに少数の評価次元に還元し，例えば，快・不快，覚醒・睡眠の組み合わせによって説明しようとする次元説とに大まかに分けることができる。次元説は，後ほど説明する**心理構成主義**の基礎となる考え方である。

(1) 基本感情説

暴走してきたトラックが，歩道を歩いていた自分のすぐ横に突っ込んできたとしてみよう。このように，自分が危険にさらされたり，それを予期したりした時に，私たちは恐怖(恐れ)を経験する。恐怖に際し，私たちは，叫び声をあげ，口角を引きつらせたような表情を示す。同時に，呼吸が速まり，心臓が高鳴る，手のひらに汗をかくなどの反応が生じるが，これら一連の反応は，私たちが自覚して意識的におこなうものではない。さらに，そもそも，身に危険が生じたこと自体を，後になって自覚することさえ珍しくない。

このような恐怖の感情は，生き残りの観点から進化的背景を持つが故に，人間にとどまらず，系統発生的につながりのある他の種にも類似した反応が見られる。基本感情説の立場では，恐怖はこのような一連の反応や性質を持つことから，基本感情とみなされている。

a. 基本感情とは

基本感情にはどのようなものがあるのだろう。**表3·1**に，主な感情研究者の主張する基本感情のリストを示した。この表を見ると，基本感情として喜び，愛，怒り，恐怖，驚き，悲しみなどが多くの

3-1 基本感情説と次元説　　61

表 3・1　基本感情の提唱者と基本感情の種類

研究者	基本感情	基本感情(訳)
Arnold (1960)	Anger, aversion, courage, dejection, desire, despair, fear, hate, hope, love, sadness	怒り，嫌悪，勇気，落胆，欲望，失望，恐怖，憎悪，希望，愛，悲しみ
Ekman, Friesen, & Ellsworth (1982)	Anger, disgust, fear, joy, sadness, surprise	怒り，嫌悪，恐怖，喜び，哀しみ，驚き
Gray (1982)	Rage and terror, anxiety, joy	激怒と恐怖，不安，喜び
Izard (1971)	Anger, contempt, disgust, distress, fear, guilt, interest, joy, shame, surprise	怒り，軽蔑，嫌悪，苦痛，恐怖，罪悪感，興味，喜び，恥，驚き
James (1884)	Fear, grief, love, rage	恐怖，悲嘆，愛，激怒
McDougall (1926)	Anger, disgust, elation, fear, subjection, tender-emotion, wonder	怒り，嫌悪，歓喜，恐怖，服従，やさしさ，驚異
Mowrer (1960)	Pain, pleasure	苦痛，快
Oatley & Johnson-Laird (1987)	Anger, disgust, anxiety, happiness, sadness	怒り，嫌悪，不安，幸福，悲しみ
Panksepp (1982)	Expectancy, fear, rage, panic	期待，恐怖，激怒，パニック
Plutchik (1980)	Acceptance, anger, anticipation, disgust, joy, fear, sadness, surprise	受容，怒り，予期，嫌悪，喜び，恐怖，悲しみ，驚き
Tomkins (1984)	Anger, interest, contempt, disgust, distress, fear,joy, shame, surprise	怒り，興味，軽蔑，嫌悪，苦痛，恐怖，喜び，恥，驚き
Watson (1930)	Fear, love,rage	恐怖，愛，激怒
Weiner & Graham (1984)	Happiness, sadness	幸福，悲しみ

出典）　Ortony & Turner(1990)をもとに，今田・北口(2015)が作成。

研究者に共通して挙げられている。2章で紹介した諸理論の中では，パンクセップが最も明示的に基本感情の特徴を論じていたが，これらの感情に共通する特徴は何だろう。

　基本感情説の代表的研究者の一人，エクマン(Ekman, P., 1992)は，ある感情が基本感情であると判断するための基準として，次の9点を挙げている。すなわち，① 笑いや泣きのように，感情に対応した特徴的で普遍的な表出信号があること，② 怒りに際して歯をむき出すように，人間と同様に他の動物にも類似した表出行動がみ

られること，③ 特定の感情に対応した特異的な生理反応パターンがあること，④ 突然大きな音がすると誰でもハッとする，つまり，急な環境の変化に対する驚きのように，感情を喚起する事象の普遍性が認められること，⑤ 感情に対応した特定の行動や表出，さまざまな生理的反応など，反応システム間の一貫性があること，⑥ 刺激事態に対する反応の早い立ち上がりがあること，⑦ 持続時間が短いこと，⑧ 原因を自覚する前にすでに不安を感じるように，必ずしも意識化されない自動化された評価メカニズムであること，⑨ 前述のメカニズムによる感情反応の自発的生起があることの 9 点である。

　また，近年ではスカランティーノ（Scarantino, A., 2011, 2015）が，基本感情説の論点を以下の 7 つにまとめている。

① 基本感情は進化的に適応的である。基本的な生命維持の課題解決にとって効果的であるために選択されたと考える。

② 基本感情はプログラムと結びついている。

③ 基本感情は感情に特異的で生得的な神経回路と結びついている。

④ 基本感情のプログラムは自動的評価によって喚起され，自動的で強制的な反応を生じさせる。

⑤ 基本感情は個別の感情に特異的な反応と結びついている。

⑥ 基本感情は汎文化的で，種を超えて存在し，発達の初期に発現する。

⑦ 基本感情は，怒り，恐怖，幸福といった**素朴心理学**的な感情カテゴリーに対応している。

　ここで指摘されているプログラムとは，適応的行動を引き起こすために生得的に備わった心的ソフトウェアともいうべき仕組みを指

す。それを実現するための生得的な神経回路が人間には備わっているとみなされており，その仕組みは，私たちの意図や意識によるものでなく，自動的評価により喚起され，自動的かつ強制的に感情反応を生じさせると考えられている。2章で紹介したパンクセップ，バック，戸田らも同様な見解をとっている。なお，⑦の素朴心理学的な感情カテゴリーとは，日常的に用いる感情の名称という意味である。

b. 基本感情と表情

基本感情説が重視する自動的で強制的な反応の一つが，表情に代表される表出行動である。今日の心理学における表情研究に直接つながる研究を始めたのは，ダーウィン(Darwin, C.)である。1872 年に著された『人と動物における情動表出(*The expression of emotions in man and animals*)』では，表情は，進化のプロセスにおいて獲得された行動様式であり，ヒトという種が生まれながらにもつ感情表出の様式であると主張した。つまり，ダーウィンは，表情を手がかりに，人間も進化のプロセスの結果生じた生物種の一つであることを示そうとしたのである。

その後，表情表出時の末梢反応が感情の主観的体験の源であるとする**顔面フィードバック説**を提唱したトムキンス(Tomkins, S., 1962)と，その学生であったエクマンとイザード(Izard, C., 1971)によって，現在にいたる表情研究がけん引されることになった。エクマンは，20 世紀後半を中心におこなった研究成果に基づき，汎文化的で人類に共通した表情が少なくとも 6 種類あると論じた(Ekman & Friesen, 1975)。すなわち，「幸福・喜び」，「驚き」，「恐れ」，「嫌悪」，「怒り」，「悲しみ」の 6 つの感情に対応する表情である。

これらの表情が人類に普遍的であるという仮説を検証するため，

エクマンらは，まず表情を撮影した多数の写真を集め，その表情を多くの実験参加者に見せ，個々の表情がどの感情を表しているかを尋ねた。その結果，これら6つの感情が，それを表す表情と対応していることがわかった。このような表情は多くの文化や国で確認され，世界に共通した，普遍的な感情表出と考えられるようになった。なお，これらの表情として表される感情は，エクマンやスカランティーノが論じている上記の基準の多くを満たしていることから，基本感情と呼ばれた（コラム3·1参照）。

　ところで，エクマンらの研究をはじめ，初期の研究者の多くが，主に，写真のような静止画像刺激を用いていたのに対して，近年では，時間の要素を含む感情表出の動的側面や，顔面の表情に限定されない音声や身体動作など，複数のコミュニケーション・チャンネルにおける表出行動も研究対象となっている（Keltner & Cordaro, 2017）。

　例えば，困惑の表出では，典型的には，まず目が下を向き，次いで顔を横に向け，その後下を向くという一連の動作と，その始まりと終わりに微笑みや唇をかんだりする動作が生じる。恥は，下を向いて視線を避ける表情である。また，愛は微笑みと視線の交錯に加えて，お互いが開放的な姿勢で近づくような動作を伴うのに対して，欲望は唇をなめたり舌を出すような動作によって示されるとされている（Keltner et al., 2014）。これらの表出行動の普遍性については，現在データが蓄積されている段階である。

(2) 次 元 説

　基本感情説が感情の基本単位を，日常的に使われている感情カテゴリーに対応した感情と考えるのに対して，**次元説**は，そのような

3-1 基本感情説と次元説

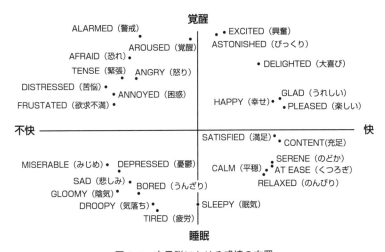

図3・1　次元説における感情の布置
出典）　Russell(1980)をもとに今田・北口(2015)が作成

感情カテゴリーの背景にある評価次元を基本単位と考える。

　シュロスバーグ(Schlosberg, H.,1952)は，実験参加者らに感情を表した表情写真を分類させたり，類似性を判断させるなどして，事前に6つのカテゴリーに分類した表情(「愛・幸福・喜び」，「驚き」，「恐れ・苦しみ」，「怒り・決意」，「嫌悪」，「軽蔑」)が，いかに評価されるのかを分析した。同じグループに分類される頻度や，類似度の高さといった指標に基づき，6つの感情カテゴリーの相互関係を分析したところ，これら6つのカテゴリーは「快・不快」と「覚醒・睡眠(または，注目・拒否)」の2次元からなる平面上に円環状に分布することがわかった。

　同様の結果は，その後の多くの研究でも繰り返し再現されてきた。また表情に限らず，感情語などを分類・評価させる実験においても同様な結果が見いだされている。

―― コラム 3・1 ――

表情筋と顔面動作符号化システム(FACS)

　顔面には，20種類を超える表情筋が張り巡らされている。一部を除いて，左右それぞれにあるため，全体としては40以上もの筋がある。それぞれの節の動きの組み合わせによって表情が作り出されているのである（図 3・2 を参照）。表情筋の特徴は，筋の末端が皮膚に張り付く皮筋であることで，名前の通り表情を作り出す働きをしている。他の骨格筋が関節を動かす機能を果たしているのに対して，表情を作るためにこれほど多くの筋が使われていることは，感情などの心的状態を表情として表出することが，人間にとってきわめて重要であることを反映しているのだろう。

　人類には共通した表情があるのだろうか。このことを確かめるため，これまで世界のさまざまな地域で研究がおこなわれてきた(e.g., Ekman & Friesen, 1975; Izard, 1971)。研究の対象となった地域には，当時，他の文化との接触が限られていたニューギニアの部族社会の人たちも含まれていた。これらの研究の結果，国籍，言語，文化などの差異にかかわらず，いくつかの感情を表す表情は共通して理解され，表出されることが確かめられた。当初のエクマンらの研究では，幸福・

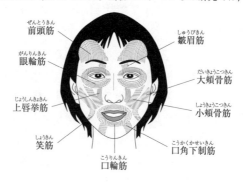

図 3・2　表情筋
出典）村澤他編(1999)をもとに作成

喜び，驚き，悲しみ，怒り，嫌悪，恐怖という6つの表情が文化の違いを超えて普遍的であるとされ，これらの表情とそこで表出されている感情は，それぞれ，基本表情，あるいは基本感情と呼ばれるようになった（図 3・3 を参照）。

なお，エクマンとフリーセン（1978）は，客観的に表情を記述するために，表情筋の動きを踏まえた動作単位（Action Unit: AU）を設定し，その組み合わせによって，あらゆる表情を記述できるシステム（Facial Action Coding System: FACS）を構築した。これは，顔面動作符号化システムと呼ばれ，その後，さまざまな分野の表情研究で活用され現在に至っている。

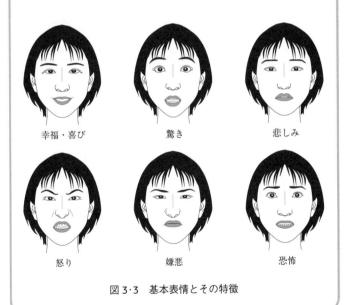

図 3・3　基本表情とその特徴

図3·1 はラッセル（Russell, 1980）によって報告された感情語の分布である。このような分布を想定すれば，円環の近い位置に分布する感情カテゴリー間（例えば，苦悩と怒り）では相互に混同が起こりやすく，離れて位置するカテゴリー間（例えば，満足と怒り）では混同が起こりにくいことがうまく説明できる。また，例えば，怒りは，不快と覚醒の程度が比較的高い感情であり，満足は快の程度が比較的高く，覚醒・睡眠の中間に位置する感情というように，個々の感情カテゴリーは，より少数の次元，快・不快と覚醒・睡眠の組み合わせによって説明できることが示された。

つまり，他者の表情や感情語といった感情喚起刺激は，快・不快，覚醒・睡眠といった次元によって規定される平面に，円環状に分布する。また，これらの結果は，評価者の国籍や年齢が異なってもほぼ一貫してみられることから，感情の主観的評価には人間に共通した基盤として評価次元のあることが示唆される（cf., Russell, 2003）。

感情の次元説については，このように，表情や感情語などを用いた感情の意味空間を検討する試みによって実証されてきた。さらに，2章で紹介した認知的評価理論では，感情を少数の評価次元の評価結果の組み合わせによって説明しようとしており，次元説はそれらの理論の前提となっている。

（3）基本感情説と次元説間の論争：表情に普遍性はあるのか

a. 基本感情説に対する批判

エクマンやイザードらによって精力的に進められた研究により，表情が多くの文化において共通して認識されることがわかり，表情が普遍的でひいては生得的に備わった反応パターンであることが多くの心理学者らの共通認識となった。同時に，基本表情の普遍性に

ついても既知の事実とみなされ，基本感情説の妥当性を示すデータのひとつとみなされてきた。また，基本感情と基本表情という考え方は，心理学を超えて，工学や医学など，多くの表情研究分野において共有されることとなった。

しかし，1990年代に入ると，これらの研究には，研究方法や結果の解釈などに問題があるとして，批判的に取り上げられるようになり，同時に基本感情説そのものに対しても批判的検討が加えられることとなった(e.g., Ekman, 1994; Izard, 1994; Russell & Fernandez-Dols, 1997)。

例えば，表情の普遍性を示す研究の多くでは，ある表情刺激が6つの基本感情の中のどの感情を表しているかを選択させる研究方法が用いられている。しかし，このように事前に限定された選択肢を用意して選択させる強制選択の方法では，一般に，判断の一致率は高くなる傾向がある。これに対して，表情刺激を見せ，その表情があらわしていると思う感情を自由に記述させる方法で研究をおこなうと，判断の一致率は著しく下がる(Russell, 1994)。また行動生態学の立場からは，接客場面での笑顔や社交的な笑顔のように，表情の表出においては，さまざまな社会状況における動機づけが反映されているといった指摘がなされた(Fridlund, 1994)。

その後，表情の生物的普遍性を支持する立場と，それを批判する立場からの議論は，今日まで断続的に続けられているが(cf., Matsumoto et al., 2010; Fernandez-Dols & Russell, 2017)，批判的立場の中心的位置を占めるラッセル(Russell, 1994, 2017)は，普遍的要素は，せいぜい快・不快と覚醒度に限定されると指摘している。さらに，個別の感情カテゴリーを表す表情に関しては，普遍的要素が0％でも100％でもない，つまり，まったく共通要素がないわけで

もないが完全に共通というわけでもない，という合意はほとんどの研究者の間で成立しているが，その度合いをどの程度に見積もるかに差があるのだと論じた。その状況は現在も続いているといってよいだろう。

b. 基本感情説の論点

このような論争に関連して，基本感情説を主張するエクマン（Ekman, 1997）は，表情は随意的にさまざまな操作をされうるが，感情表出としての表情は非随意的であることを強調した。エクマンによれば，表情が先行事象，思考（プラン，期待，記憶），内的な身体状態，メタファー，感情語などを伝達することは確かだが，感情表出としての表情はこれらの情報を伝達するために随意的に作られるわけではない。また，伝達の信号として随意的に作られた表情が感情に関する情報を提供することもありうるが，それらは感情表出としての表情とは異なると指摘している。

エクマンの主張をまとめると，普遍性に対する批判は，社交的な笑顔のように，主として随意的な操作をされた表情に関するものや，随意的なものとそうでないものを混同した議論であり，非随意的に表れた表情は多くの普遍的性質を備えているというものである。エクマンの主張は，その表現は微妙に変わってきてはいるものの，現在においても首尾一貫している（Ekman, 2017）。

c. ま と め

ここまで，表情の普遍性との関連で，基本感情説への批判と反論を取り上げてきた。基本感情説への批判的立場を代表する次元説は以下のような見解をとる。感情の基本要素は，快・不快と覚醒度といった，より少数の次元上に配置するすることができる。また感情は，さまざまな心理的要素によって構成される獲得された概念とみ

るべきである。このような立場は，**心理的構成主義**と呼ばれ，特に近年その影響力を増している。次節では，この新しい流れの中心ともいえる，コア・アフェクト説に注目して，より広い観点から基本感情説と次元説を再考し，さらに心理的構成主義について紹介する。

● ● ● 3-2 ● ● ●

心理的構成主義
——コア・アフェクト説を中心に——

(1) コア・アフェクト説の基本

1999年，ラッセルはバレットとの共著で，影響力のある感情研究が数多く発表されている学術雑誌の一つである性格社会心理学誌（*Journal of Personality and Social Psychology*）に，**コア・アフェクト説**を発表した(Russell & Barrett, 1999)。この論文は，感情研究の進展を妨げていた理由の一つが，これまで感情(emotion)という用語があまりにもあいまいに使われてきたためであるとし，感情の基本要素をコア・アフェクトとする新しい感情研究の枠組みを提案するものであった[*]。

ラッセルらは，喜び，怒り，悲しみといった，一般に感情と呼ばれる主観的体験は，感情の基本要素ではないとみなした。これは，これらの一般的な感情カテゴリーが感情の基本要素であるとする基

---

[*] ラッセルとバレットは，その後それぞれ独自の理論を展開しており，バレットは自身の理論を概念行為説(Conceptual Act Theory: CAT)と命名している。両者の理論は心理的構成主義と呼ばれる新しい感情理論の出発点となった(cf., Barrett & Russell, 2015)。ラッセルは，上記のバレットとの共著論文に続いて，2003年に彼自身の説としてのコア・アフェクト説を発表している。本節では，主に2003年の論文に基づいてコア・アフェクト説を説明している。

表 3・2 コア・アフェクト説における基本用語の定義

用語	定義	コメント・説明
コア・アフェクト	快−不快と覚醒度を統合的に混ぜ合わせた，単純で非内省的な主観的感情として意識的に接近可能な神経生理学的状態。	コア・アフェクトそれ自体は対象をもたない（漠然とした）ものであるが，帰属の過程を経て対象に方向づけられることがある。意識のレベルは初期段階である。
アフェクティブ・クオリティ	コア・アフェクトに変化を生じさせる性質。	コア・アフェクトと同様の2つの次元によって記述できる。
帰属されたアフェクト	対象に原因帰属されたコア・アフェクト。	(a)対象の実在性の判断からは切り離されている。(b)対象への帰属は，典型的には素早く自動的だが，意識的なものでもあり得る。
アフェクト調整	コア・アフェクトを直接変化させようとする行為。	対象に依存したプロセスではない。
対象	心的状態が方向づけられた，人，状態，もの，出来事。	対象は心理的表象であり，そのため，心理的状態はフィクション，未来，その他の形の仮想現実にも方向づけられることがある。

出典）　Russell（2003）を改変

本感情説に異を唱えるものでもあった。

　ラッセルらは感情の基本要素を**コア・アフェクト**とみなした。**表 3・2** に，コア・アフェクト説の基本用語ならびにその定義を示す。コア・アフェクトとは，「今の気分は」と尋ねられて，「なんとなく良い感じがする」「少し嫌な感じがする」と返答するときに感じられる主観的感情状態のことである[*]。もう少し詳しく説明すると，コア・アフェクトとは，次元説で主張された2軸（快・不快と覚

---

　[*]　「今の気分は」と尋ねられると，人は自らの内面を振り返り，「今の」感情状態を意識化する。コア・アフェクトは通常は意識されないが，このような意識化（内省）が可能なもっとも素朴で原初的な感情状態のことを指す。神経生理学的には測定可能であることを前提に「神経生理学的状態」と定義されている。

醒・睡眠度)から構成される空間上に配置される原初的な感情状態であり，非内省的に生じるが，意識化することも可能な神経生理学的状態である。

自らのコア・アフェクトを意識化し，その原因は何かと考えることによって**対象**が意識化される。ここでいう対象とは，自らの感情状態(コア・アフェクト)を方向づけた(喚起させた)人や状態，もの，出来事に関する**心的表象**である。つまり，対象は必ずしもその場に実在していなくてもよく，記憶の中の人であったり，想像した出来事であったりしてもよい。

対象は，刺激としてコア・アフェクトの状態を変化させる属性を有しており，ラッセルらはそれを**アフェクティブ・クオリティ**と命名した。アフェクティブ・クオリティは，コア・アフェクトとともに，コア・アフェクト説を構成する重要な基本要素である。

最後に，上記のコア・アフェクト，アフェクティブ・クオリティに並ぶ重要な基本用語である**帰属されたアフェクト**について説明する。帰属されたアフェクトとは，① コア・アフェクトの変化，② 対象，③ コア・アフェクトの変化を導く(導いた)対象への原因帰属という3つの条件により定義することができる。つまり，帰属されたアフェクトとは，ある喚起刺激(対象)によって快・不快と覚醒の状態(コア・アフェクト)が変化したと認識すること(原因帰属)である。

この原因帰属は，典型的には素早く，潜在意識下で自動的におこなわれるが，意識的になされる場合もある。この帰属の過程が必ずしも正確ではないことは多くの研究が示しているところであり(2章の**コラム2・2**を参照)，同時に，さまざまな個人差や文化差の原因となっている。

(2) 基本感情説と心理的構成主義の違い

コア・アフェクト説の基本用語について一通り説明した後，ラッセルは，**感情エピソード**という用語を導入している。ラッセルによれば，恐怖，怒り，悲しみといった基本感情は，感情に直接的には関連しない諸要素とコア・アフェクトとの組み合わせによって，心理的に構成される概念(感情エピソード)である。

感情エピソードは，具体的には，先行する事象(刺激)，アフェクティブ・クオリティ，コア・アフェクト，帰属，評価，道具的行動，生理的・表出的変化，主観的体験，**感情のメタ体験**，感情調整という各要素によって構成される。ここでいう感情的メタ体験とは，自分が怖がっていることに気づいた，怒っていることを自覚したといったような，自らの感情体験を意識化することを指す。いわば，自己知覚，言い換えれば自らの感情状態のカテゴリー化であり，その際に用いられる概念が，恐怖，怒り，嫉妬といった日常的な感情語あるいは感情カテゴリーである。

基本感情説は，図 3・4 に示したように，まず怒りや恐怖といっ

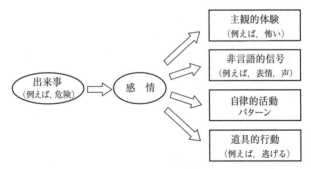

図 3・4　基本感情説などの伝統的感情モデルの考え方
出典) Russell(2003)

た感情が喚起され，それに続いて感情反応が出現すると考える。一方，コア・アフェクト説では，基本感情説の立場では感情反応として生じるとされる要素がまず生じると考える(図 3・5 参照)。しかし，これらの要素はまだ感情と呼ばれるものではない。これらの要素と**感情プロトタイプ**との類似性(共通性)に基づいて，怒り，恐怖といった感情概念(感情エピソード)が生成されるとみなす。感情プロトタイプとは，喜び，怒り，恐怖のような感情が生成される前段階のものであり，それらは感情エピソードを生成するための(認知的)材料といえる。

コア・アフェクト説は，感情と一言で呼ばれる現象には，さまざまな段階，側面があるということを教えてくれる。これまで感情にかかわるさまざまな研究がおこなわれてきたが，研究によっては感

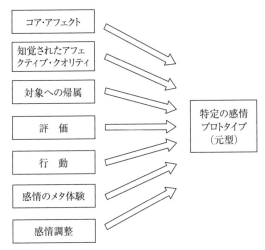

図 3・5 コア・アフェクト説に基づく感情モデルによる説明
出典) Russell(2003)

情のどの段階のどの側面について説明しようとしているのかが必ずしも明確ではない。感情研究がさらに発展していくためには，感情に関する諸概念が整理され統合されていく必要があると言えるだろう。

3-3
理論の統合を考える

(1) 新しい基本感情説

3-1節で示した伝統的な基本感情説に対しては，基本的と考えられている感情や感情語の種類に文化差があると指摘されるなど，当初から批判的な議論は続いてきた。また近年では，前節で示したような研究方法に関する問題点も指摘され，特にコア・アフェクト説をはじめとした心理的構成主義の立場からつよく批判されてきた。

例えば基本感情の基準と考えられている感情に伴う反応の同期などを裏づける結果はほとんど得られていない。このような批判の多くは妥当なものであり，基本感情説の立場を取ろうとするのであれば，なんらかの見直しが必要となる。

スカランティーノは，ラッセルやバレットらの心理的構成主義の議論を踏まえた上で，伝統的基本感情説の立場を修正し，新しい基本感情説を主張している。スカランティーノの主張は以下の6点に要約できる(Scarantino, 2015)。

① 基本感情は進化的に適応的である。基本的な生命維持の課題解決にとって効果的であるが故に(進化の過程で)選択された。

② 基本感情はプログラムと結びついている。

③ 基本感情は生得的な神経回路と結びついている。ただし，そ

のような回路は素朴心理学的な感情カテゴリーと 1 対 1 の対応をとっているわけではない。

④ 基本感情のプログラムは自動評価によって喚起されるが，アウトプット（反応）は定型的な場合と柔軟な場合がある。定型的な場合は自動的で強制的な反応と関係しており，柔軟なアウトプットとは自動的に喚起され，文脈に依存するところの意識化された反応傾向である。これらのアウトプットは，両者ともに，基本的な生命維持のための特定の課題を解決するためのものである。

⑤ 基本感情は汎文化的で，種を超えて存在し，個体発達の初期に発現する。

⑥ 基本感情は怒り，恐れ，幸福といった素朴心理学的な感情カテゴリーに対応しているわけではなく，「条件づけられていない基本的恐怖」，「条件づけられた基本的恐怖」，「身体領域をおかされた時の基本的嫌悪」，「食べ物に関する根本的嫌悪」，「防御に関係した基本的怒り」などの下位カテゴリーに対応している。

伝統的基本感情説と比較すると，スカランティーノの主張の核心は，怒り，恐れ，幸福といった大きな単位，カテゴリーではなく，その下位カテゴリー（例えば，上記⑥で例示されている，「条件づけられていない基本的恐怖」など）を基本単位としている点である。すなわち，素朴心理学的感情カテゴリーと基本要素との対応づけを変更している点にあると思われる。これに対して，ラッセルは，このようなプログラムを仮定するとしても，現時点でそれを裏付ける証拠はないと反駁している（Russell, 2017）。

ただし，スカランティーノの基本感情説は，2–5 節で紹介した包

括的理論の一つであるシェーラー(Scherer, K.)の要素処理説とよく対応していることに注目しておく必要がある。現時点ではまだ十分な証拠はないとしても,今後,このような理論に基づいて,具体的に検証可能な仮説を設定できる可能性があるといえるだろう。

(2) 要素処理説：理論統合の可能性

次に要素処理説と基本感情説,さらに心理的構成主義の関係について説明し,これらの考え方が包括的感情理論として統合される可能性について考えていく。

a. 要素処理説と新しい基本感情説

要素処理説(2–5節の(1)を参照)では,基本感情説と同様に,感情を系統発生の過程で進化した生き残りのためのメカニズムと定義し,刺激状況についての情報(次元)を順次評価していく刺激評価照合をおこなうとしている。その結果,生理的,身体的反応を含む,包括的な反応の総体としての感情が喚起されるとみなす。

ここでは,要素処理説と基本感情説との関係を確認するため,評価項目と表情との対応を説明する試みを紹介する(Scherer & Ellgring, 2007)。図3・6では,評価項目のそれぞれが(図では,簡略化して4項目のみが示されている)継時的かつ連続的に評価(意味づけ)されると同時に,その結果に対応した表情反応が生じることが示されている。

表情反応は,顔面全体の反応に限らず,眉,上瞼,口角など,いくつかの動作単位(action unit：AU)の反応として生じる(コラム3・1を参照)。評価が進行するにつれて,項目ごとの評価結果が顔面の一部の反応として組み合わされ,最終的に,ある事態における全体としての感情経験が生みだされ,同時に顔全体としての表情が決

3-3 理論の統合を考える

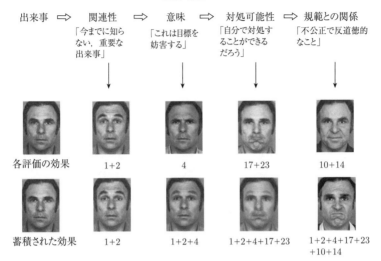

図 3·6 要素処理説による感情表出の説明
出典) Scherer & Ellgring (2007)

まることになる。

図 3·6 について具体的にみていこう。第1段階：関連性という評価項目*)が，例えば，「今までに知らない，重要な出来事だ」と評価（意味づけ）されることで，眉を挙げる反応（動作単位 AU 1 と AU 2）が生じる（この反応は，エクマンとフリーセンによると，驚きの感情とその表情である）。第2段階：刺激事態の意味という評価項目に関して，例えば，「これは目標を妨害する」という評価がなされることで，眉を下げる（ひそめる）反応（動作単位 AU 4）が生じ，第1段階の反応と合成された表情が現れる。第3段階：対処

---

*) 2-5 節で説明した新奇性と本質的快をまとめたものと考えられる。

可能性に関しては，例えば，「自分で対処することができるだろう」という評価がなされることで，頤（おとがい：下唇の下の部分）を挙げ，唇を固く結ぶ反応（AU 17 と AU 23）が生じる。この反応は，第2段階の反応と合成された表情であるが，エクマンらによると，嫌悪と怒りの表情の要素を含んでいる。第4段階：規範との関係で，例えば，「不公正で反道徳的なことだ」という評価がなされることにより，上唇が上がり，えくぼができる（AU 10 と AU 14）。最終的に，すべての動作単位が組み合わされることで，一つの表情が作られる。

　ただし，この反応は途切れることなく，連続的に続くと考えられているため，ある評価段階の感情状態や反応も，その時点での評価結果としての感情であり，表情であるともいえる。同時に，各段階での評価結果を組み合わせた反応が，その時点での総体的な感情反応ともいえる。現実の感情状態や表情などの表出行動が動的であり，常に変化し続けるものであることを考えると，このような連続的で動的な評価と反応のシステムを想定することは妥当であり，かつ必要なことである。

　要素処理説の考え方に従えば，顔面の一部の反応と評価項目の評価結果によって生じるとされる特定の感情との対応を検討していくことが可能となる。この対応（組み合わせ）は，必ずしも，怒り，悲しみ，喜びといった素朴心理学的な感情カテゴリーと表情との対応ではなく，新しい基本感情説の特徴であるところの感情反応の下位カテゴリー（例えば，「条件づけられていない恐怖」など）を検討することに直接結びつくと考えられる。以上見てきたように，要素処理説は基本感情説との折り合いがよく，改訂版基本感情説とも言いうるものである。

b. 要素処理説と心理的構成主義

心理的構成主義と要素処理説の関係については，どのように考えることができるだろうか。心理的構成主義では，個人が経験を通じて獲得し，結果的に個人ごとに異なる感情のプロトタイプをもつこと，そのプロトタイプとの類似性によって個人が感情カテゴリーを割り当てるとみなしている。一方で，これまでおこなわれてきた研究成果を見ると，特定の感情と特定の反応や行動が結び付いていることを示すデータは少なく，個々の感情カテゴリーが特定の反応や行動と結びついていると考えることは難しい。そのため，さまざまな反応や行動は，必ずしも感情との関係で説明する必要はないとしている。

これに対して，要素処理説は，進化的適応を前提に，特定の感情の喚起と適応的反応が生じるプロセスを包括的に説明しようとしており，評価結果の組み合わせという観点から，感情と行動との関係を検討し，説明しようとしている。また，理論的には，表2·3に示したような感覚運動レベル，スキーマ化されたレベル，概念的レベルを想定し，それぞれのレベルにおける評価項目の処理の特徴が示されている。しかしその関係を検証するための研究はこれまでほとんどおこなわれていない。なお，主観的な感情カテゴリーや感情概念そのものについては，必ずしも主要な説明対象とみなされていない。

これらのことから，要素処理説と心理的構成主義は理論的には対立するものの，強調点が異なるために，相補的な関係にあるとみることができる。とくに，要素処理説の評価項目が，スキーマ化されたレベル，概念的レベルで，どのように分析され，評価されるかについては，相互の理論に共通した関心事であるといえよう。

さらに，心理的構成主義を代表するコア・アフェクト説が，反応や行動を含む現象全体を生物学的プログラムとしての感情との関係で統合的に説明することはできないとしていることを考えれば*)，要素処理説の観点から，特定の評価項目と反応や行動との関係を検証し，両者の対応を確認していくことには，両理論の比較検証のうえでも意味があるといえる。今後，それぞれの立場からの研究が進むことで，感情に関わる評価プロセスの詳細に光が当てられるものと考えられる。

◖ま と め◗
❏ 基本感情説，次元説，さらにコア・アフェクトに代表される心理的構成主義を取り上げ，さらに要素処理説を基礎とした感情理論の統合の可能性について論じた。
❏ さまざまな理論やそれぞれの立場からの論争は，必ずしも対立的なものではなく，説明対象や抽象度の違い，方法論の違いなどを反映していると考えることができる。

◖より進んだ学習のための読書案内◗
エクマン，P.・フリーセン，W.V.／工藤　力(訳)(1987).『表情分析入門—表情に隠された意味をさぐる』誠信書房
　　☞心理学における表情研究の古典。著者らがおこなった一連の組織的研究は，心理学の枠を超え，多くの研究分野に影響を与えている。
山鳥　重(2011).『心は何でできているか—脳科学から心の哲学へ』角川学芸出版
　　☞とくに失語症に焦点を当てて神経生理学的研究を重ねてきた著者に

---

　*) コア・アフェクト説では，反応や行動は必ずしも感情とは関係していないとしている。そうなると関係していないことを示さなければならないが，統計的には関係していないことを示すことは容易ではない。よって科学的に関係していないことを証明することは難しいが，そうであるが故に，繰り返し検証することに意味があるだろう。

よる心に関する理論である。感情に関する考察も非常に示唆に富む。

日本感情心理学会『エモーション・スタディーズ』第3巻第1号

https://www.jstage.jst.go.jp/browse/ems/–char/ja

☞日本感情心理学会の機関誌で，感情に関する最先端の研究が報告されている。最新の感情理論に関する特集が組まれている。

4章

感情と認知

感情が認知プロセスに及ぼす効果と交互作用

◖キーワード◗
認知プロセス,記憶の変容,ヒューリスティクス,道徳感情

　古くから感情と理性は対立するものと考えられてきた。より良い人生を送るためには,一時的な感情に流されず,冷静に考え,理性的に判断することが必要であるとも言われてきた。はたして,感情は思考や意思決定を妨害するやっかいものなのだろうか。

　最近の心理学研究は,認知と感情が相補的に機能することを示してきた。本章では最初に,感情が**認知プロセス**すなわち**知覚,注意,記憶,判断,意思決定**にどのような影響を与えるのかについて見ていき,続いて適切な判断,意思決定は認知と感情が相互に影響を与え合うことによっておこなわれるものであることを見ていく。

4-1

感情が認知プロセスに及ぼす影響

(1) 知覚への影響

　自動車免許を取得するために自動車教習所へ通い始めたとしよう。今日は，初めての路上運転である。あなたは緊張し，全身が硬直している。ハンドルをもつ両手にも力がはいっている。しばらく走っていると突然，隣に座っている教官がブレーキをかけ，教習車は停止した。驚いて教官の方へ顔を向けると，「一旦停止の標示を見過ごしましたね。きちんと止まらないといけません」と注意された。確かにそうだ。緊張のあまり，普段なら見えるものが見えなくなっていたのだ。

　このような経験は誰しもがもっているだろう。ハラハラ，ドキドキという緊張状態だけでなく，望外の喜び，歓喜の感情状態にあってもわれわれは普段なら見えているもの，聞こえているものが知覚できなくなることがある。感情は，外的世界の知覚に影響を与えうるのである。

　ニーデンタールとセタールンド（Niedenthal & Setterlund, 1994）の実験を紹介しよう。彼らはまず実験参加者の感情状態を操作するために音楽を演奏させた。実験参加者らは2群に分けられ，幸せ群にはモーツアルトのアイネ・クライネ・ナハト・ムジークを演奏させ，悲しみ群にはマーラーのアダージョを演奏させた（前者は幸せな気分を誘導し，後者は沈み込んだ悲しい気分を誘導すると想定された）。その演奏に続けて，両群に共通する課題として言葉発見ゲームが課せられた。

　ここでいう言葉発見ゲームとは，何らかの言葉がコンピューター

の画面上に提示され，それが意味のある言葉か意味のない言葉（例えば blatkin などは辞書に載っていない言葉である。心理学では**無意味綴り**といわれる）かを判別させるというものであった。意味のある言葉は 5 つのグループに分けられていた。それらは幸せ関連語（delight など），ポジティブ語（calm など），中立語（habit など），ネガティブ語（injury など），悲しみ関連語（weep など）であった。

言葉発見ゲームの結果は，ポジティブ語，ネガティブ語の区別については両群間に差はみられなかったが，幸せ群は幸せ関連語の発見が速く，悲しみ群は悲しみ関連語の発見が速くなるというものであった。すなわち，幸せと悲しみという感情操作は，それらの感情と一致した語（幸せ群は幸せ関連語，悲しみ群は悲しみ関連語）の発見に正の効果を与えたのである。

次にバウマンとディステノ（Baumann & DeSteno, 2010）の実験を紹介しよう。彼らは，ポジティブ感情，ネガティブ感情のいずれかを喚起させるために，実験参加者らに**自伝的記憶**を想起させた。例えばネガティブ感情を喚起させるために，「この一週間の中でとても腹立たしかった出来事，怒りを覚えた出来事を何だったでしょうか？それを思い出し，できるだけ詳細にその内容を書いてください」といった教示を与え，その内容を文章に書かせた。その作業に続けて次のような課題を与えた。コンピューターの画面上に，何が見えたかがわからないほどの短時間（1/3 秒）に，拳銃の写真と中立的写真を提示し，それが何であったかを答えさせるという課題である。

結果は，驚くべきものであった。怒りの自伝的記憶を想起させられた実験参加者らは中立写真を拳銃であると誤って答える誤答率が高くなったのである。すなわち怒りの感情が拳銃でないもの（中立

写真)を拳銃であると知覚させたのである。これらの実験を通じて言えることは，感情は，その感情と一致する事象をよりすばやく知覚させ，曖昧な事象についてはその感情と一致する方向に誤知覚させることもあり得るということである。

(2) 注意への影響

外界の知覚は，外界にどの程度の注意を払うかによって変わる。物音がしても注意力が散漫である時はその物音に気づかないであろう。逆に，周りの様子に注意を傾けているときはちょっとした物音にも敏感に反応する。

感情が注意に及ぼす効果については**不安**を中心に研究がおこなわれてきた。不安で落ち着きのない時は簡単な計算をしても間違ってしまう。これは，不安な感情状態はその不安を生み出した原因，脅威に意識が集中し，計算といった不安とは直接関連しない事柄に注意が向かわないためである。

感情ストループテストを用いた実験を紹介しよう。**ストループテスト**とは，ストループ(Stroop, 1935)が開発した心理テストであり，「赤」「黄」「青」といった文字が，赤色，黄色，青色のいずれかの色で印刷されている(「例えば「赤」の文字が黄色や青色などで記載されている)。実験参加者らは，それらの文字が何色で記載されているかをできるだけ速く答えることが求められる。例えば，「赤」という文字が黄色で記載されておれば，「黄(色)」と答える必要がある。この課題では色に注意を集中させることが必要であり，気をゆるめるとつい文字(色名)の方を読み上げてしまう。

フォァら(Foa et al., 1991)は，ストループテストで用いる言葉を色名ではなく感情喚起語におきかえそれを感情ストループテストと

呼んだ。実験参加者らに求められた課題は，単語(感情喚起語)の記載されている色名を答えることであった。実験参加者は，レイプ被害者とそうでない者の2群に分けられ，感情喚起語には，レイプ関連語とレイプに関連しないが同様にネガティブな語(怪我や死に関連する語)が用いられた。

結果は，レイプ被害者はレイプ関連語に対して，より以上に**反応時間**(答えるまでの時間)が長くなるというものであった。これは，感情が喚起されることによって注意力が拡散してしまったためであると解釈された。

感情がつよく喚起されると，感情喚起を導いた事象に注意が向かい，それ以外の事象に注意は向かわなくなる。研究の多くはネガティブ感情を対象としたものであるが(中でも不安感情)，ポジティブ感情についても同様なことがいえるだろう。「恋は盲目[*]」「あばたもえくぼ」ということわざが知られているように，つよい恋愛感情はその感情を持続させる方向に注意が向かい，それ以外のことがらに注意が向かわなくなるのである。

(3) ポジティブ感情と注意

図4·1を見てもらいたい。上段の図形を見た後に，下段の図形A, Bを見てみよう。上段の図形と「よく似ているものはA, Bのどちらですか」と聞かれると，あなたはどちらを選ぶだろうか？

これはフレドリクソンら(Fredrickson & Branigan, 2005)によっておこなわれた実験である。彼女らは最初に，実験参加者らにさま

---

[*]　Love is blind の訳である。盲目という表現が視覚障害者への差別を助長する可能性があるということから，公共の場での使用を見合わせることが多い。代わりに「恋は麻薬」と表記されることもあるが，これもまた薬物中毒者への差別を助長させる可能性がある。

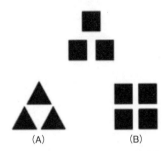

図 4·1 フレンドリクソンとブラニガンの実験刺激で用いられたもの
出典) Fredrickson & Branigan (2005)

ざまな映像を見せ，楽しい気分(amusement)，幸福(contentment)，怒り(anger)，不安(anxiety)といった4つの異なる感情状態に誘導した(感情誘導をおこなわない中立条件も設けられた)。その後にこの課題を与えた。その結果，楽しい気分や幸福に誘導された実験参加者らは，怒りや不安に誘導された実験参加者らと比較して，より以上にAの図形を選択する傾向の高いことが見られることがわかった。

この結果は何を意味するのだろうか？フレドリクソンらは，楽しさや幸福というポジティブ感情は，外界知覚をおこなう際に，その注意の方向が全体的(global)な知覚へ向かうのに対して，ネガティブ感情は，全体を構成する要素すなわち部分(local)への知覚へと向かうためだと説明した。

確かに我々はイライラしたり落ち着かないときは，細かなことに目が向かいがちになる。誰かと一緒にいると，相手のネクタイの歪みや指の動きといった微細なことがらに注意が向かう。その一方で満ち足りた，のどかな気分の時は些細なことは気にかけず，外界の全体を見渡しがちになる。

===== コラム 4・1 =====

ポジティブ感情を誘導する方法

　心理学実習の実験課題を決めることは，毎年の悩みの種であり，同時に楽しみの種でもある。最近学生らに好評なのは，ポジティブ感情を誘導する新たな方法として開発した「お菓子の城」法である。

　まず実験者側の学生らを連れてキャンパス内の売店へ行った。そこで，食べたいお菓子，もらうとうれしいお菓子を自由に選ばせた。それらは30種類近くに及び，そのすべてを購入した。次に実験室内に新しく専用のラックを用意し，そこに購入したお菓子をきれいに配置させた。写真にあるように，殺風景な実験室の一角に「お菓子の城」が誕生したのである。

　さて実験の開始。実験参加者らが実験室に入ってくる(こちらもまた学生である)。いやがおうにも「お菓子の城」が目に入る。そこで「本日は実験に参加していただきありがとうございます。実験に入る前に，実験参加へのお礼をお渡しします。こちらのお菓子の中からお好きなものを自由に選んでください」と言う。実験参加者は驚き，笑みをうかべながらどれにしようかと迷い始める。ポジティブ感情が誘導されたのである。実験参加者らはきわめてハッピーな状態のまま後続する実験課題に取り組むことになる。

　これはポジティブ感情を誘導するための一手段である。実験群に対しては統制群が必要となる。統制群に配置された実験参加者らには，実験が終了するまで「お菓子の城」は見えないようにされ，入室時の

緊張感をもったまま実験課題に取り組ませた(公平を期すために, 実験終了後にポジティブ感情誘導群同様に, 「お菓子の城」から菓子を選ばせた)。

さて, 1章で紹介した広がりと生みだし理論を思い出して欲しい(p.15 参照)。そこでは, ポジティブ感情は思考の広がりを促進し, 新たな発想を生みだしていくと述べた。感情が注意に及ぼす効果は, 喚起される感情がポジティブ感情かネガティブ感情かによって異なる効果を与えるのである。

(4) 記憶への影響

「高校生の頃のことを思い出してください」と言われたらあなたは真っ先に何を思い出すだろうか。修学旅行先での楽しかった出来事, 授業中に居眠りをして叱られた時の気まずさ, 初めてのデートの時にスラックスからシャツがはみ出ていて, それを指摘された時の恥ずかしさ, 友人が不慮の事故で亡くなった時の悲しみなど, 人それぞれであろう。

はたして単調で退屈であったであろう授業のことを真っ先に思い出した人はいるだろうか。高校生であったときの多くの時間は授業に費やされていたはずである。しかし, 授業中に感情がつよく揺り動かされることはあまりない。記憶の再生においては, 感情負荷の大きな出来事が優先して再生されるのである。

ワガナアー(Waganaar, 1986)がおこなったユニークな研究を紹介しよう。彼は5年間の毎日, 自分自身に起こったことがらや自分の身辺で起こったことがらを詳細に記録した。さらにそれらの一つ一つを, 突出性(salience: どの程度, めったに起きない出来事であ

ったか),感情負荷(どの程度,感情が揺り動かされた出来事であったか),快(どの程度,楽しい出来事であったか)の3点から個別に評価し,それらの評定結果を記録した。5年後,彼の共同研究者が記録されたすべての出来事の一つ一つを,誰が,いつ,どこで,何を,の4点から整理し,ワガナアー自身がどの程度それらの出来事を思い出すことができるかをワガナアーに答えさせた。

結果は以下のようなものであった。誰が,いつ,どこで,何をについてなんらかのヒントを与えても何も思い出せないというケースを完全忘却と定義したところ,その割合は全記録の20%ほどであった。程度の差こそあれ,過去の出来事のほぼ80%については記憶を再生することができたのである。

ではどのような属性をもつことがらが再生されやすかったのだろうか。図4·2は,突出性,感情負荷,快の程度別に,記憶の再生

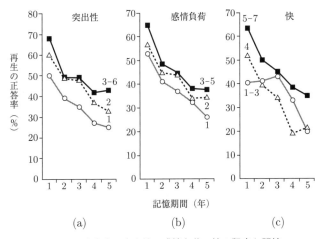

図4·2 出来事の突出性,感情負荷,快の程度と記憶
出典) Waganaar(1986)をもとに作図。図中の数字は本文参照。

における正答率を示している。図(a)中の3–6は，1か月に一度あるかどうか，生涯に一度あるかどうかという程度（突出性が高い）を示している。同じく2は，1週間に2回程度の頻度で生起することを示している。1は1日に1回程度の頻度で生起することを示している（突出性が低い）。すなわち数値が高いほど突出性が高いことを示している。図から明らかなように突出性の程度が高い出来事ほど，すなわち滅多に起こらない出来事ほど記憶は再生されやすかったのである。

図(b)中の3–5は，感情負荷の高かった出来事を示し，2は感情負荷が少々あった出来事，1はまったくなかった出来事を示している。すなわち数値が高いほど感情負荷の高かったことを示している。図(c)中の5–7は快の程度が高かった出来事を，4は快の程度が中立であること，1–3は不快の程度の高かったできごとであることを示している。これらの結果から，記憶は突出性，感情負荷の高さ，快の高さに特徴づけられる出来事ほど再生されやすいことがわかる。

このように見ていくと，生涯を通じて滅多に生起せず，感情をつよく動かされ，その感情がうれしさ，楽しさといった快をもたらした出来事ほど再生されやすかったことがわかる。その一方で，不快な記憶（図(c)中の1–3）の再生率も高く，最初の1年こそは中立（図(c)中の4）を下回っているが2年目以前の出来事については，中立を上回る再生率であったことがわかる。不快な出来事はしぶとく記憶に残るといえよう。

さて次に，感情が記憶に与える効果に関するシュミットの実験を紹介しよう（Schmidt, 2002）。実験刺激として，15名のモデル人物がさまざまな場面（背景）に登場する写真が用意された。その中の一人（8人目に登場した）は裸の人物であった。実験参加者に求められ

たことは，モデル人物全員とその背景を記憶することであった。再生時には，モデル人物の性，おおよその年齢，身長，体重，髪の毛の色や長さ，服装，背景の詳細といった事項が問われた。

　結果はどうであっただろうか。多くの人が予想するとおり，裸のモデル人物の再生率がもっとも高くなった。しかし，興味深いことに，その写真の背景については再生率がもっとも低くなったのである。さらに裸のモデル人物が登場した写真に続くモデル数名についてはほとんど再生されなかった。

　この実験結果は，裸のモデル人物が登場したことにより注意がその人物に集中してしまい，それ以外のこと(背景の詳細など)に注意が向かわなくなったことを示している。突然に裸の人物が登場することによって感情負荷は高くなる(ドキリとする)。そのことによってその人物の記憶は高まる。しかし，その人物以外のことがらに対しては逆に注意が向かわなくなり，それ故に記憶に残らなかったと説明された。

　同様な実験がブラッドリー(Bradley et al., 1992)によってもおこなわれた。彼らは実験参加者らに60枚の写真を提示し，その写真の1枚ごとに，快不快の程度，覚醒(arousal)の程度を評価させた。その後，60枚の写真の内容を想起させた。実験参加者らがもっともよく記憶していたものは覚醒度の高い写真であり，快不快の程度はあまり関係していないことがわかった。この実験では1年後に再び再生テストがおこなわれた。1年前に一度だけ見た写真でありながらも，覚醒度の高い写真については再生が確認されたのである。

(5) 感情と記憶の変容

2011年3月11日東北地方で大地震が発生した。その地震によって福島県沿岸部にある東京電力第一原子力発電所の原子炉が爆発・崩壊し，炉心溶融(メルトダウン)が起こった。多くの日本人にとっては忘れることのできない出来事である。あなたは，津波によって発生した濁流が町に流れ込む情景を思い出すことができるだろうか？その情景を思い出すと，その時に感じた感情の揺さぶりもよみがえってこないだろうか。そこで質問をしたい。あなたはその日，どこで何をしていただろうか？

多くのアメリカの人々にとってもっとも大きく感情の揺さぶられた出来事は2001年9月11日に発生した同時多発テロ事件である。ニューヨーク市マンハッタン沿岸部に2棟仲よく並んで建っていた世界貿易センタービル・ツインタワーにハイジャックされた旅客機2機がそれぞれのビルに突入したのである。1機目が北棟ビルに突入した。その後2機目も南棟ビルに突入した。やがて2つの高層ビルは崩落・炎上した。多くのアメリカ人はこの時の情景を鮮明に記憶している。このような，感情が大きく揺さぶられた出来事の記憶は**フラッシュバルブ記憶**と呼ばれる。

フラッシュバルブ記憶はどれほど正確なのだろうか。タラリコとルービン(Talarico & Rubin, 2007)は，同時多発テロ事件の直後，その数週間後，数か月後と一定の期間をおいて，大学生らに当時の記憶を再生させた。すると記憶は時間経過と共に徐々にその正確さが失われていくことがわかった。しかし，興味深いことに，大学生らは自分たちの記憶は鮮明であり，正確であると主張したのである。

同様な現象は，イスラエルの学生らを対象とした研究でも確認された。彼らにとって感情を激しく揺さぶられる出来事であったイス

ラエル首相暗殺事件について，その事件発生の 2 週間後と 11 か月後にインタビューがおこなわれた。学生らは 2 回のインタビュー共に自らの記憶の正確さに自信があると述べたが，11 か月後に話した内容の 1/3 以上は 2 週間後に話した内容と矛盾する内容であった (Nachson & Zelig, 2003)[*]。

フラッシュバルブ記憶とは，感情が大きく動かされた出来事の記憶であり，鮮明かつ詳細にその内容を再生することができる。しかし，その大きな特徴は，本人が信じているほどには正確でないということである。どうしてこのようなことが生じるのだろう。第 1 に考えられることは潜在意識下において，記憶内容の修正，変容が生じている可能性である。大災害，要人暗殺，無差別テロといった出来事は，友人，知人，家族らとの会話において話題になりやすい。テレビを見ていても繰り返し取り上げられ，多くの人がさまざまな意見を述べる。これらを通じて，知らぬ間に自らの記憶内容を修正，変容させてしまっている可能性が考えられる。第 2 に，先に見てきたように，つよく感情が揺さぶられると，その感情を喚起させた事象の周辺の出来事には注意が向かわなくなり，記憶が不鮮明となる。記憶の全体を構築し直す際に，潜在意識下において記憶内容の再構成をおこなっている可能性が考えられる。つまりより整合性のあるものへと記憶の全体を再構築している可能性が考えられる。

心理学が取り上げる研究テーマに**目撃証言**というものがある。銀行強盗や殺人といった重大事件を目撃した人の証言が時として大きな事実誤認をしてしまうことがあり，その謎を解き明かそうと多くの心理学者らが研究をおこなってきた。ある研究では，重大事

---

[*] イギリス王室ダイアナ妃の事故死を取り上げた研究においても同様な現象が確認されている (Hornstein et al., 2003)。

件*)を目撃した人の記憶は,事件後何日も眠れない夜を過ごすなど事後ストレスの大きさを訴えた人々と比較して,さほどストレスを感じなかった人々では異なることが示された。事件からかなりの日数が経過しても前者の人々の記憶は,事件直後の証言と比較して93％の合致率であった。しかし,後者の人々の合致率は73％であった(Yuille & Cutshall, 1986)。記憶の正確さはその事件が与えた感情動揺の大きさ(ストレスの大きさ)に対応するといえよう。

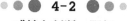

4-2 感情と判断・評価

(1) 感情の判断・評価への影響

　感情は,注意や記憶に影響を及ぼすだけでなく,入力された情報の処理にも影響を与える。ここでいう情報の処理とは,入力された情報をいかに判断し,意思決定をおこなうかという認知プロセスのことである。

　ふだんの生活においては,複数の事象が同時に生起し,さらに複数の人物が登場する。こちらを立てればあちらが立たぬ,という葛藤場面に置かれることは珍しくない。一人の人間の許しがたい行為も,その人間の立場に立つと「情状酌量の余地あり」とみなさざる得ないこともあるだろう。

　このような日常の生活場面においてなんらかの意思決定が必要とされる場合,感情はどのような役割を果たすだろうか。ケルトナー

＊) 事件の内容は以下のようである。カナダ,バンクーバー郊外にある銃砲店に強盗が入った。犯人は店主を縛り付け,売上金と銃を持ち去った。店主は自力で縄を解き,ピストルを手に,犯人の車に向かった。犯人は店主に向かって2発の銃弾を撃ち,店主は犯人に向かって銃弾を撃ちつづけ,犯人を死亡させた。

4-2 感情と判断・評価

ら(Keltner et al., 1993)の研究は，怒りの感情は対人評価(例えば，このような事態を招いたのは，この"人"に責任がある)を導きやすく，悲しみの感情は非対人評価(例えば，このような事態を招いたのは，"運がなかった"のだ)を導きやすくなることを示している。怒りや悲しみの感情は**原因帰属**に影響を与えるのである。

　ラーナーら(Lerner et al., 2003)の研究を紹介しよう。ラーナーらは，1700名のアメリカ市民を対象にアメリカ同時多発テロ事件(2001. 9. 11)に関する意見文を書かせた。その際，研究参加者を怒り群，悲しみ群，不安群の3群に分け，内容を一部変えた質問文を用意した。怒り群には「この攻撃に対してあなたはどのような怒りを感じましたか」と聞き，悲しみ群には「この攻撃に対してあなたはどのような悲しみを感じましたか」，不安群には「この攻撃に対してあなたはどのような怖れを感じましたか」と問い，回答させた。その後にアメリカ同時多発テロ事件に対する意見文を書かせたのである。さらに，その後，3群共通に，「あなた自身さらにアメリカ合衆国は今後どのような危険に晒されると思いますか」との質問がおこなわれた。結果は，悲しみ群の将来予想が，他の2群よりもより悲観的な内容になるというものであった。

　この研究から示唆されることは，同一の外的事象であっても，それに対する判断，評価が感情によって大きな影響を受けるということである。少なくとも，怒りは対人的評価にバイアスのかかった判断を導き(「あの人がわるい！」)，不安はより悲観的な将来予想を導くようになると言えよう。

(2) 感情とヒューリスティクス

　判断，評価，意思決定といった認知プロセスには，大きく2つ

のものがある。**システマティック処理**と**ヒューリスティクス**である。前者は入手した情報を慎重に点検し，整合性のある結論を引き出そうとする論理的プロセスを指し，後者は表層的な情報から直観的に結論を得るというプロセスである。カーネマン（Kahneman, D.）は前者を**システム 2**，後者を**システム 1**と命名した。即時の判断を必要とする緊急時に作動しやすいのはヒューリスティクス（システム1）であり，最終的な意思決定までの時間に余裕があるときはシステマティック処理が可能となる（必ずしもシステマティック処理が作動するとは限らない）。

　飲料・食品のテレビコマーシャルを思い出してみよう。多くのコマーシャルでは，タレントがおいしそうに，楽しく，飲んだり食べたりする場面が映し出される。商品の成分や特徴を明示し説明するといったものは少ない。特に日本のテレビコマーシャルは，情緒的であると言われている。このようなテレビコマーシャルを見ているとその商品を食べたり飲むことによって，自分もそのタレント同様に楽しくうれしい気分になれるような気がしてこないだろうか。スーパーマーケットやコンビニエンスストアーに入店し商品棚でこれらの商品を見つけるとつい買ってしまいたくならないだろうか。このような時の判断・意思決定はまさにヒューリスティクスである。

　テレビコマーシャルは商品購入を誘導するための説得手段の一つである。一般的に**説得**は，**中心ルート説得法**（central route to persuasion）と**周辺ルート説得法**（peripheral route to persuasion）に分けられる。前者は，事実を中心に理路整然と説明し相手を説得する方法であり，後者は表層的で部分的な情報のみを繰り返すことによって相手を引き込み説得する手法である。選挙運動では，この両者の手法が巧妙に使い分けられる。新聞に掲載される選挙広報においては

政策や公約などが詳しく述べられているが，路上を走る選挙カーは「清き一票を○○にください」といったフレーズばかりが繰り返される。前者は中心ルート説得法による説得であり，後者は周辺ルート説得法による説得である。

どちらの説得法がより効果的だろうか。これは説得される側がどのような状況に置かれているかによって大きく異なる。例えば，単にラーメンが食べたいというだけの人が相手ならば周辺ルート説得法が有効であるが，麺の種類，成分，ゆで加減，スープの作り方などにこだわる人や，ラーメンが大好きであるが健康上の理由からたまにしか食べられないといった人に対しては中心ルート説得法が有効である。説得を成功させるためには，まず説得される人がどのような状況に置かれているかを見極め，その上でいずれの説得法を用いるかを決めることが有効である。

さて説得の観点から感情の効果とその影響についてみていこう。これまでおこなわれてきた研究から示唆されることは，幸せな状態にある人に対しては周辺ルート説得法が有効であり，悲しい状態にある人には中心ルート説得法が有効であるというものである。

実際におこなわれた研究を紹介する。実験に参加した大学生らはランダムに2群に分けられた。幸せ群には，最近に起こったもっとも楽しかった出来事を，悲しみ群には，同様にもっとも悲しかった出来事を15分間にわたって記述することが求められた。その後大学生らは，大学の学費値上げに関する2種類の主張を聞かされた。一方は，事実を中心とした内容でつよい口調で述べられており，他方は表層的な内容を軽い口調で述べたものであった。**図4·3**に示した結果は，それぞれの議論に納得した(説得された)学生らの人数である。図からわかるように，幸せ群に2条件間の差はないが，

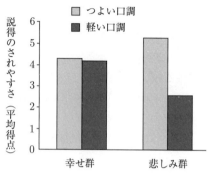

図 4・3　感情の違いによる説得効果の差異
出典）　Bless et al., (1990) より作図

悲しみ群においては 2 条件間に顕著な差が表われた。すなわち，悲しみ群の大学生らは，軽い口調の主張には納得できず，つよい口調の主張に対してより肯定的な反応を示したのである。この研究結果は，効果的な説得法は，説得される側の感情状態によって大きく変わるということを示している。

=== コラム 4・2 ===

幸せな人はテキトーな考え方をする？

　本文にも述べたように，幸せな感情状態にある人はものごとを大局的に判断し，周辺情報を軽視する傾向が高まる。すなわちテキトーでおおざっぱな判断をしがちになる。どうも幸せな感情状態は，細かなことを一つ一つ取り上げ，一定の結論を導くというマメで論理的な作業を好まないようである。これだけではない。幸せな感情状態にある人は短絡的で型にはまった判断も導きがちなる。

パークらは実験参加者らに複数の名前を提示し（架空の名前である），それらをスポーツ選手，政治家，犯罪者に分類させるという課題をアメリカ人大学生らに与えた。幸せな感情状態にある人ほど，アフリカ系米国人を連想させる名前の人をスポーツ選手に，ヨーロッパ系米国人を連想させる名前の人を政治家に分類する傾向が高くなったのである（Park & Banaji, 2000）。スポーツに優れた人にはアフリカ系の人が多く，政治家にはヨーロッパ系の人が多いということから，ステレオタイプな（型にはまった）考え方が採用されたということである。幸せな感情状態にある人はテキトーで型にはまった考え方をする傾向にあるようだ。

一方でうつ傾向の人は，ものごとを慎重に判断するだけでなく，自分自身のことを含め，総じて悲観的，否定的に判断する傾向をもつ。ある研究を紹介しよう。「世界でもっとも多く食べられているフルーツは何だと思いますか？リンゴ，バナナ，ブドウ，マンゴー，オレンジの中から1つを選んでください」と問われて，あなたは何を選ぶだろうか。さらに，「あなたが下した判断の確信の度合いを，100を満点とする点数で答えてください」と問われて，あなたは何点をつけるだろうか。

この問題の正解はマンゴーである（正解者は10人に1人もいないので，間違った人も気にすることはない）。意図的に間違いやすい問題が用意されたのである。さてこのような問題を7問出題し，確信の程度を比較すると，健常者は確信の度合いを高めに評定する傾向があるが，うつ傾向の高い人たちは低めに評定する傾向にあることがわかった（Ackemann & DeRubeis, 1991）。

うつに代表されるネガティブな感情状態はものごとを慎重かつ否定的，悲観的に判断させる傾向がある。その一方で幸福感は，短絡的でステレオタイプな考え方をとらせる傾向があると言えよう。楽観的な生き方とは，見方を変えれば，気軽で無責任な生き方ともいえる。幸せな感情状態にある時には重要な判断をおこなうことを避けた方がいいだろう。

4-3
感情と意思決定

(1) 意思決定

　認知プロセスの最終段階は**意思決定**である。意思決定において感情はどのような役割を果たしているのだろうか。本章冒頭で述べたように，しばしば「一時的な感情に流されて重要な決断をしてはいけない」といわれるが，はたして感情は意思決定にマイナスの効果を与えるのだろうか。

　あなたが大学進学を希望する受験生であった時のことを思い出してみよう。学部・学科，学費，通学方法，入学試験の難易度，卒業時の就職先など実に多くの事柄を検討し，それらを総合的に判断することによって最終的な志望校を決めたはずである。しかし最終的にA, Bの2校が残り，どちらにするかについて迷った時，あなたはどのようにして決めただろうか？　そのような局面において，感情は意思決定に大きく関与するのである。

(2) 道徳判断

　問題A：図4・4(上段A)を見てもらいたい。ブレーキの故障した路面電車が暴走して走ってくる。その先には5名の人がいて，彼らはその路面電車のやってくることに気づいていない。気づいた時には時すでにおそく，彼らには逃げる場所がなくひかれてしまう。あなたの目の前には，レール切り替え装置があり，その装置を操作すれば5名の人たちを救うことができる。しかし，レールを切り替えた先には別の人がおり，その人は犠牲にならざるをえない。あなたは5名の人の命を救うためにその人を犠牲にするか，1名の命

4-3 感情と意思決定　　**105**

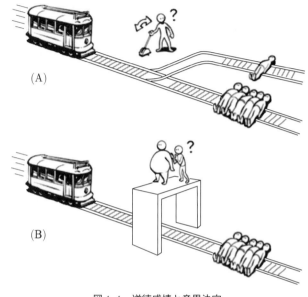

図 4・4　道徳感情と意思決定
出典）　Thomson（1985）より作図

を守るために 5 名の悲劇を目のあたりにするかの選択を迫られている。あなたはどうしますか？レールを切り替えますか？

問題 B：図 4・4（下段 B）を見てもらいたい。同様な場面であるが，あなたは高架橋の上にいる。あなたのすぐ前には，大柄で頑強な男性がいる。問題 A 同様にブレーキの故障した路面電車が近づいている。大柄な男性は高架橋から下をのぞき込んでおり，その男性を突き落とせば列車を脱輪させ，暴走を阻止することができる。あなたは 5 名の人の命を救うために，その男性を突き落とすことができますか？

皆さんはどのように答えただろうか？かなりの人は問題Aについては，レールを切り替えると答え，問題Bについては突き落とさない，と答えたのではないだろうか？[1] 論理的に考えると，問題A，Bともに5名の命を救うために1名が犠牲になるという点では同じである。しかし多くの人は，問題Aではそのような意思決定をおこなうと回答し，問題Bではおこなわないと回答する。この違いはどこからくるのだろうか。

問題Aに対しては「切り替える」と回答したにもかかわらず問題Bには「突き落とさない」と回答した人の多くは，レール切り替え操作は機械を媒介とした間接的なものであるが，人を突き落とすという行為は自らの手でおこなう殺人行為であり，許しがたいと考えるようである。問題Aでは「より多くの人を救うべき」という道徳判断をおこない，問題Bでは「人を殺してはいけない」という道徳判断をおこなったのである。

この2つの判断の中で，「人を殺してはいけない」という道徳判断はきわめて強力に作用する。問題Aの場合は，レール切り替え装置が介在するが故に，殺人行為であるとの認識が弱められるが[2]，問題Bに求められた行為は，直接に手を下すという殺人行為であり，ほとんどの人にとってそれは許しがたい行為である。

＊1）　BBC（英国の放送局）などで多くの追試がおこなわれており，それらはほぼ同様な結果を示している。

＊2）　問題Bに少し手を加え，犠牲者が5名ではなく100名であるとしよう。それでも1人を突き落とすことによって100名の人の命を救うと回答する人の数は増えないだろう。直接「手をくだす」かどうかの判断が大きな分岐点である。話しを少し広げてみよう。かつての戦争は，人対人の戦闘行為が主であったが，現代の戦争ではミサイルに代表される大量殺戮兵器が用いられる。人は，ボタン一つを押すことによって何百人，何千人もの人を殺す方法を入手したのである。ボタンを押すという間接行為が「人を殺してはいけない」という道徳判断を回避させることを可能とする。

さらに，問題Bで「突き落とさない」と回答した人は，人を突き落とすことを具体的にイメージした段階できわめてつよい拒否感，嫌悪感を感じたはずである。直観的な感情反応といえるものである。この時の感情は「人を殺してはいけない」という道徳律（道徳規範）に基づくものであり，**道徳感情**（moral emotions）と呼ばれる。われわれの道徳判断の多くは道徳感情にもとづきおこなわれている。

4-4
感情と社会・文化

われわれが生きる世界は，自然環境だけでなく，社会環境さらには文化環境の3層から構成されている（今田，2017）。自己もまたそれらの環境に対応して，生物的存在としての自己（**生物的自己**），社会的存在としての自己（**社会的自己**），文化的存在としての自己（**文化的自己**）の3つの自己が存在する。感情は本来，それら3つの自己がそれぞれの環境において，より適応的に生きることを手助けする役割をもっている。

図書館で勉強をして帰ろうとすると急に雨が降ってきたとしよう。傘立てを見ると，誰かが置き忘れたと思われるビニール傘が一本残っていた。あなたは誰に断ることもなく，そのビニール傘を拝借した。その時はたいして気にはならなかったが，家に帰ってからしばらくすると，してはいけないことをしてしまったという罪悪感を感じ始めたという場面を想像してみよう。雨にあたってずぶ濡れになることは不愉快である。生物的自己は雨にあたらずにすむ方法を選択した（傘を拝借した）。しかし社会的自己・文化的自己は，そのことを許しがたい行為とみなしたのである。

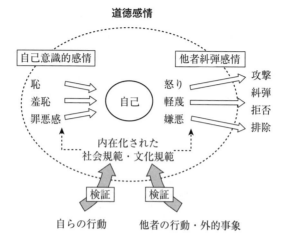

図 4·5 道徳感情を構成する自己意識的感情と他者糾弾感情
出典) Haidt(2003)を参考に作図

　社会的・文化的存在としての自己は，自らの行動を**社会規範・文化規範**に照らし合わせて検証する。この作業はほぼ自動的におこなわれる。感情はこの検証作業に大きく関与しているのである。

　図 4·5 に示したように，道徳感情は大きく**自己意識的感情**(self-conscious emotions)と**他者糾弾感情**(other-condemning emotions)とに分けられる(Haidt, 2003)。自己意識的感情を代表するものは**恥**(shame)，**羞恥**(embarrassment)＊)，**罪悪感**(guilty)である。われわれは自らの行動を，内在化された社会規範・文化規範と照らし合わ

＊) 一般的に embarrassment は "当惑" と訳されることが多い。人前で失敗などをした際に感じるところの，気まずい思いをともなった当惑感である。日本語でいう "恥" に近い感情である。一方の shame は，大きな失敗をした時に感じる自己否定感をともなう感情であり，日本語でいう "屈辱" や "恥辱" に近い。英語圏において embarrassment は比較的日常的に用いられるが，それと比較すると shame の使用頻度は低い。日本では shame を "恥" と訳すことが多い。よって本書でも shame を "恥" とし，embarrassment を "羞恥" と訳すこととした。

せて，適切であったかどうか(あるかどうか)を検証する。社会規範・文化規範から逸脱していた(している)と判断された時には自己意識的感情が喚起される。

一方，他者の行動や外的事象(例えば，無駄と思える公共工事，物価の上昇などのさまざまな社会的出来事)を検証した(する)ことによって喚起される感情が他者糾弾行動である。他者糾弾感情を代表するものは**怒り**(anger)，**軽蔑**(contempt)，**嫌悪**(disgust)である。

怒りは他者に直接的危害を加える**攻撃行動**を導くことがある。軽蔑は他者を見下し，他者を遠ざける(あるいは他者から遠ざかる)行動を喚起する。嫌悪は軽蔑ときわめて類似した感情であるが，対象(他者)への不快感，忌避感に特徴づけられる。怒り，軽蔑，嫌悪が喚起されると，それぞれに特徴的な表情が現れる。

他者の表情からその人の感情を読み取ることは重要である。特に日本人は，感情をあからさまに表出することを抑制する傾向があり，感情表出も瞬時のわずかなものにとどまることが多い。例えば，誰かと一緒に居て，あなたの何気ない行動(例えば食事の際に，クチュクチュと音をたてながら食べるとか，口の中に食物があるにもかかわらずしゃべり出すとか)が相手に不快感を与え，その相手がわずかに軽蔑，嫌悪の表情を浮かべたとしよう。その表情をきちんとキャッチした上で，あなたが自らの行動を修正しないでいると，あなたはやがて孤立し，あなたの所属する集団から排除されていくかもしれない。

道徳感情は**社会的感情**とも呼ばれる。社会的感情には，上記した道徳感情以外にも，誇り(pride)，思い上がり(hubris)，後悔(regret)，屈辱(humiliation)，照れ(shy)，感謝(gratitude)，憐れみ(compassion)，嫉み(envy)，嫉妬(jealousy)，憐れみ(pity)，畏怖(awe)，

慈悲(mercy)などさまざまなものが存在する。これらはまた**自己評価的感情，社会的比較感情**とも呼ばれており，現在，心理学の幅広い領域で研究が進められている。

社会的感情は，自らが属する社会，文化に適応していくために必要かつ大きな手助けとなる感情であるが，社会的不適応をもたらす場合もある。例えば，後悔などの自己否定感をつよく感じすぎると社会参加に消極的になる。他者との比較の有り様によっては(嫉妬心に動機づけられた)ストーカー行為，特定個人に対する排除行動(いわゆる "いじめ")，さらに他民族排斥行動(ヘイトスピーチなど)といった問題行動を引き起こすことがある。

社会，文化は多様かつ複雑であり，また変化しつづける。それ故に，社会，文化に特徴的な感情も存在する。例えば，**甘え**(Amae)は，社会の構成員が相互に依存し合いながら協調的な社会を維持しようとする日本社会にあっては，否定的な感情とはみなされない。しかし，社会の構成員のそれぞれが独立した存在であり，個人の自由意思と権利を重視する欧米社会においては，甘えは個人の自律性を否定する感情であり，望ましい感情とはみなされない。

感情体験としては存在するが，それに対応する感情語のみられないものもある。例えばドイツ語の**シャーデンフロイデ**(Schadenfreude)は，他人の不幸や失敗を喜ぶ感情である。「他人の不幸は蜜の味」という言葉があるように，他人の不幸や失敗を見て「ざまあみろ」「もっと苦しめ！」といった残酷な感情を抱くことがある。しかし英語，日本語共にこの感情に直接対応する感情語はない。

さらに関連性の高い複数の感情語については，それらが内包する意味空間(感情体験の内容)の重なり方が使用する言語(文化)によって異なることは珍しくない。例えば "恐怖" "不安" "憂うつ" はそ

4-4 感情と社会・文化

図 4・6 アメリカ人大学生にとっての fear, anxiety, depression の意味空間の重なり方と, 日本人大学生にとっての恐怖, 不安, 憂うつの意味空間の重なり方の違い。
出典) Imada(1989)をもとに作成

れぞれ fear, anxiety, depression に対応する感情語とみなされているが, 前者の意味空間の重なり方と後者の意味空間の重なり方にはかなりの違いがある。Imada(1989)はそれぞれの言葉に対応する感情体験の類似性を日米間で比較した。図 4・6 の左右の図を比べると, アメリカ人大学生の場合, fear と anxiety の意味空間は重複する部分が多いが, 日本人大学生の場合, 恐怖(fear に対応する感情語)と不安(anxiety に対応する感情語)の意味空間はあまり重なっていない。他方, 日本人にとっての不安と憂うつは重複する部分が多いが, アメリカ人の場合はそうではない。不安(anxiety)に焦点をあてれば, アメリカ人は anxiety を fear に近い感情とみなすが, 日本人は不安を憂うつに近い感情と見なしているといえる。

社会的環境, 文化的環境の差異は, それらの環境下に生きる人々が使用する言語環境の差異と重なる。使用する言語の差異は社会規範・文化規範との検証作業に影響を及ぼしうるし, 喚起される感情にも影響を与えうる。感情が認知に及ぼす影響を考えていく際には,

このような言語環境の違いについても考慮していく必要がある。

◖ま と め◗
❏ 感情は知覚，注意，記憶などの認知プロセスに影響を与える。感情はまた，判断，意思決定などの認知プロセスにも影響を与える。
❏ 道徳感情は，自己意識的感情と他者糾弾感情とに区別される。恥，恥辱は前者を，怒り，軽蔑，嫌悪は後者を代表する感情である。

◖より進んだ学習のための読書案内◗
オラタンジ，B.O.・マッケイ，D.／今田純雄・岩佐和典（監訳）（2014）.
　　『嫌悪とその関連障害：理論・アセスメント・臨床的示唆』北大路書房
　　　☞他者糾弾感情の一つである嫌悪に特化した専門書である。多数の執筆者がそれぞれの専門領域に立脚し，嫌悪について論じている。
バナージ，M.R.・グリーンワルド，A.G.／北村英哉・小林知博（共訳）（2015）.『心の中のブラインド・スポット：善良な人々に潜む非意識のバイアス』北大路書房
　　　☞態度，行動の多くがいかに潜在意識下（非意識）で決定されているかについて興味深く論じている。
カーネマン，D.／村井章子（訳）（2014）.『ファスト＆スロー（上・下）あなたの意思はどのように決まるか？（ハヤカワ・ノンフィクション文庫）』早川書房
　　　☞意思決定のプロセスをファスト（システム1）とスロー（システム2）に区別し，両者の違いをわかりやすく説明している。

5章

感情と文脈

感情を取り巻くさまざまな情報

◀キーワード▶
定義,文脈,構成主義,学際的研究,ハブ・テーマとしての感情

3章で紹介した心理的構成主義では,感情は**文脈**によって構成される概念であるとされた。ただし,現状では,文脈という概念がどのようなものかは自明でない。この章では,感情の定義に関する最近の議論を手がかりに,文脈そのものの定義を試みる。その上で文脈という観点から,現実の社会問題に対応するための学際的・分野融合的研究における感情研究の重要性,役割,意義について考察する。

●●● **5-1** ●●●
感情の定義と文脈化

(1) 感情の定義を再考する

感情を定義しようとする作業は繰り返し試みられ,これまでにさ

まざまな定義が提唱されてきたが，必ずしも研究者間の合意は得られていない。この節では改めて，感情の定義について取り上げ，定義を困難にしている要因を文脈と関連づけて考える。

a. 「感情の定義」についての検討

感情研究の第一人者であるイザード(Izard, C., 2010)は，「感情の多様な意味と側面：定義，機能，喚起，調整(The many meanings/aspects of emotion: Definitions, functions, activation, and regulation)」という論文において，感情の定義が定まっていない現状を検討している。この研究では，4か国，35名の優れた感情研究者を対象に，① 感情の定義(構造)，② 感情の機能，③ 感情を喚起する要因，④ 感情の調整，⑤ 感情・認知・行動の関係，⑥ 今後研究すべき研究テーマについて，電子メールによる調査が実施された(調査対象となった「優れた研究者」は，調査者であるイザードが選定した)。ここでは，この調査結果の中から，上記①，②に関する部分を取り上げる。

まず，①の定義(構造)についてみていこう。**表5·1**に，感情の

表5·1 「感情」の構造に関する項目への同意の程度

感情の定義(構造)	同意の程度
「感情」のプロセスには専用の神経系が関係している	8.92
反応の仕組み	8.61
感情の主観的体験，また，その状態	7.84
表出行動，信号伝達の仕組み	6.56
感情喚起にかかわる要因の認知的評価	6.54
感情の主観的体験状態の認知的解釈	4.79

注) Izard(2010)Table 1 をもとに作成。
　　数値は同意の程度(1 全く同意しない～10 完全に同意する)の平均値。

5-1 感情の定義と文脈化

構造に関する6つの見解と，35名の感情研究者が，それぞれの見解にどの程度同意したかが10段階で示されている。最も同意の程度が高いものは，「感情のプロセスには専用の神経系が関係している」という見解であり，同意の程度は平均で10段階の8.92であった。また，「（感情とは）反応の仕組みである」，「感情の主観的体験，また，その状態」という見解についても比較的高い数値であった。

一方，最も同意の程度が低いものは，感情が「感情の主観的体験状態の認知的解釈である」という見解であった。この見解がここまで低い数値であることは意外な結果であるが，この見解を感情の一側面についてのものとしてではなく，このような構造が感情のすべてであるという主張と解釈すれば，低い数値になったこともある程度理解できる。

2章，3章で紹介した理論を含め，多くの感情理論が適応的な反応システムと主観的体験を前提にしていることを考慮すれば，今回の調査結果は，全体として妥当なものと考えられる。しかし，専用の神経系があるかどうかについては，コア・アフェクト説などの心理的構成主義は否定的である。主観的体験状態の認知的解釈が，心理的構成主義の主張の核心であることを考慮すると，今回調査対象となった研究者の多くは，構成主義の立場ではないものと考えられる[*]。

感情の機能に関する質問への回答を表5・2にまとめた。最も同意の程度が高いものは，「反応の仕組みを準備する」という機能であり，それに「認知と動作を動機づける」機能が続く。感情が，環

---

[*]　調査者であるイザードは基本感情説の立場をとる研究者であること，さらに調査対象の研究者の選定を調査者であるイザード自身がおこなっていることを考慮して結果を考察する必要がある。つまり，この研究結果自体も，（いかに調査がおこなわれたかという）文脈を考慮して考察する必要がある。

表 5·2 「感情」の機能に関する項目への同意の程度

機　　　能	同意の程度
反応の仕組みを準備する	8.87
認知と動作を動機づける	8.23
反応を体制化, 秩序化, 調整する	7.78
事態の重大性を評価する	7.77
情報, 意味を提供する	7.35
関係を調整する機能	6.82
社会的機能	6.38
反応を統制する機能	6.22
接近・回避行動を動機づける	4.96

注)　Izard (2010) Table 2 をもとに作成。数値は同意の程度(1 全く同意しない～10 完全に同意する)の平均値。

境変化への反応システムであると考えれば, 反応のための準備をする, 情報を得て, 動作の準備をするといった機能を有することは当然である。一方, 同意の程度が低いものは, 「接近・回避行動を動機づける」機能であった。感情は, 単純な接近・回避の仕組みとは考えられていないということであろう。

　同意の程度が, 低くはないがあまり高くもない項目としては, 「関係を調整する機能」, 「社会的機能」, 「反応を統制する機能」といった項目が挙げられる。感情の機能に関するこれらの見解の相違から, 研究者によって, 感情のとらえ方にかなり大きな幅があることがうかがわれる。

b. 感情の定義と文脈化

　このような調査結果を受けて, イザードは, 科学的文献において, これから「感情」という用語をどのように扱うべきかについて追加の調査をおこなった。以下の3項目について, 27名の研究者に対

5-1 感情の定義と文脈化

して，どの程度同意するかを 10 段階で回答させた（以下の数値は平均値と標準偏差）。

1. 「感情」はあいまいで，科学においては一定の位置を占めていない：6.2（SD＝3.3）

2. 研究者は「感情」を文脈化し，何を意味するかを明確にするべきである：8.2（SD＝2.6）

3. 限定的でない単数名詞の「感情（emotion）」は放棄する：6.3（SD＝3.6）

　ここでは，項目 3 の値が 10 段階の 6.3 である。高くはないが必ずしも低い数値でもないことに注意すべきである。この項目は，一般的で抽象的な概念としての「感情」という用語の使用を放棄するという意味合いと解釈できる。これは，項目 2 の，感情を文脈化して意味を明確にすることの重要性を多くの研究者が指摘していることと関連性が高い。すなわち，研究の報告に当たっては，抽象的な記述ではなく，研究対象である感情にかかわる具体的な付帯条件などを記述することが不可欠ということである。

　イザードの調査結果からいえることは，イザード自身が指摘しているように，研究者は，感情という変数の操作的定義をその都度示し，少なくともその研究で扱う「感情」が何を意味するかを明確にすることが重要である。言い換えれば，個々の感情研究がどのような文脈でおこなわれたかを明示する必要がある。具体的には，誰が，いつ，どこで，誰・何によって与えられた，どのような刺激に対して，どのような反応を示し，それをどのように測定したかということをできる限り詳細に示すということである（**コラム 5·1** 参照）。

(2) 文脈の定義

ここまで，文脈(context)という用語を，明確に定義することなく使用してきた。実際に，先に紹介したイザードの論文や，近年出版された『文脈の中の心(*The Mind in Context*)』(Mesquita, Barrett, & Smith, 2012)を含めて，文脈を取り上げた研究書，研究論文にお

=== コラム 5·1 ===

感情という名のゾウの話

感情研究は，目隠しをしてゾウに触る人たちに例えられることがある。ある人は，それは細くて鞭のようだと報告し，別の人は，それは大木のようだと報告する。また別の人は，太いホースのようだと報告する。

ゾウとはいったい何なのだろう。

文脈化するということは，ゾウに触る人たちが，ただ自分が触ってみてわかったことだけを検討し報告するのではなく，どのような方法で，どのように触ったのかを合わせて報告することと説明できるだろう。

例えば，決められた位置から，左を向いて3歩歩いてから右に向きを変えて3歩進んでから触ると，細い鞭のようなものだった。同じく，左を向いて2歩歩いてから右に向きを変えて2歩進んでから触ると，上から下まで大木のようであった。また同じく，まっすぐその位置から2歩歩いてから触ると，大きな塊のようであったが，地面から浮かんでいるようであった。さらに，右を向いて2歩歩いてから左に向きを変えて2歩進んでから触ると，大きな団扇のようであった。ここでは，位置の情報が文脈の一つといえる。

さらに，手で触ったのか，針でつついたのか(鳴き声がしたかもしれない)，ハンマーで叩いたのか(大けがをすることになったかもしれない)など，結果とともに，研究にかかわる具体的な情報をできるだけ詳しく報告することは，個別の研究で得られた結果が，総体として対象の全体像に結びつけられる可能性を高めると考えらえる。

5-1 感情の定義と文脈化

いても,「文脈」は取り立てて定義を示すことなく使用されている。
このことが,これまで感情研究の進展を妨げてきた一因ではないか
と考えられる。

一般に,文脈という用語は,言語学的な定義に準じた意味で用い
られる。すなわち,ある単語や文,文章の前後に位置し,その単語
や文,文章の意味を規定する,もしくはその解釈に影響を与える単
語や文,文章のことを指す。つまり,「前後の文脈を踏まえて理解
することが重要である」という場合の文脈である。同様な意味で,
「脈絡」という表現が用いられることもあるし,より一般的には,
前後の流れという場合の「流れ」や,空気を読むという場合の「空
気」に相当する。感情研究においても,おおむねそのような意味で
用いられているが,改めて定義すると,文脈とは,「(注意をむけら
れた)ターゲットの意味解釈に影響を与える要因」のことである。

このように定義すると,文脈には,ありとあらゆるものが含まれ
る。仮に,ある表情(ターゲット)からその人の感情状態を判断する
場面を考えた場合,その表情の意味・解釈に影響を与える要因のす
べてが文脈ということになる。具体的には,その人が何を見ている
か,直前にはどのような表情だったのか,一人なのか,他のだれか
と一緒なのか,もし一緒だとすると両者の関係はどのようなものか,
周りに人はいるのかいないのか,その人の年齢,性別はどうか,も
しわかるのであれば,その人の身体状態,性格,社会的地位,その
人のおかれている状況はどうか,というように際限もなく,さまざ
まな文脈要因を想定することができる。

気をつけなくてはならないのは,文脈が重要であると主張しても,
結局,いろいろなことが影響を与えていると言うこととさして変わ
りはなく,きわめて当たり前の指摘をしているにすぎないというこ

とである。ただし，感情にこのような多様な要因が影響を与えていること自体は確かである。文脈を重視するということは，それらの諸要因がどのように整理され，分析されうるかを問うことと言えるだろう。

エクマンらは，表情を通して感情を判断する際にその判断に影響を与える主要な要因として，①（その人に与えられた）課題や物理的背景といった社会的環境の特徴，②（その人の）顔の形態や個人の役割といった特徴，③無生物，出来事，第三者の行動，その人の表情や他の行動という3点をあげている（Ekman, Friesen, & Ellsworth, 1982）。これらはさらにいくつかの下位項目に分類することができる（中村，1993）。

例えば，目を見開き，眉をあげ，口を大きく開いているAさんの表情（ターゲット）を想定し，その意味（感情）を解釈する場面を考えてみよう。この際Aさんの事前事後の表情も情報源となる。例えばAさんの，目を開き，眉をあげ，口を開いている表情（ターゲット）が，その直前には，より極端でより大きな表情であったとすると，ターゲットである表情を解釈する際には，Aさんは今はさほど驚いてはいない，驚きは収束しつつあると判断するだろう。

Aさんの表情以外で感情に関係した情報を有する要因の一つは，Aさんに，ある感情状態を引き起こした刺激，つまり，Aさんがそのときに何を知覚したかが問題となる。このような刺激を感情喚起刺激と呼ぶ。具体的には，Aさんの目の前で，突然，歩いていた人がバナナの皮に滑って転んでしまったというような出来事であり，それを第三者としてのあなたが目撃していたとしよう。ターゲットであるAさんの表情とは別に，あなたはその出来事（感情喚起刺激）を見て，Aさんは驚いたと解釈するだろう。

5-1 感情の定義と文脈化

このような文脈の影響の仕方は，比較的単純である。すなわち同じ種類の情報の強度を，単純に足したり引いたりするような加減算の効果，比較による割増割引の効果などで説明できるためである。

一方，ターゲットとは異なる種類の情報や意味をもち，ターゲットの意味・解釈に影響を与える文脈の場合は，どのように整理できるだろうか。そのような文脈情報としては，①表出者の不変的特徴，②状況，③観察者の特徴，などをあげることができる。

①の表出者の不変的特徴とは，顔つき，髪形，服装のように，短期間では変化しない特徴を指す。そこから国籍や性別，年齢などの情報を得ることもできる。②の状況とは，学校の教室，電車の中，卒業式といった社会的物理的環境のことであり，他者の存在の有無や，公私の度合いを左右する要因とみなすことができる。また，③の観察者の特徴とは，観察者自身の不変的特徴や心理状態を指し，性別，年齢，ターゲットである表情の表出者との人間関係などを意味する。

これらの文脈情報は，ターゲットとは異なる種類の情報や意味を有しているため，ターゲットとなっている表情を判断する際には，単純な加減算といった計算を適用することはできない。つまり，先ほどのAさんの表情をターゲットとした感情判断を例にすると，文脈としてのAさんの性別や年齢の情報から，単純にAさんの感情を推測することは困難である。しかし，このような場合には，表出と解釈のルールを想定することによって，文脈の影響をある程度説明することができる。

このルールは**表示規則**，**解読規則**と呼ばれ，特定の場面における適切な表情とその解釈についての社会・文化的規範と定義することができる。例えば，「子どもではないのだから人前ではあまり感情

を表さない方がよい」,「上司や先輩の前では不満を感じていてもにこやかにしているべきだ」,「男は度胸, 女は愛嬌だ」というような例が挙げられる。

このとき,「子どもではない」,「性別」といった不変的特徴,「人前」といった状況,「上司や先輩」といった文脈情報は, 適切な行動についてのルールを規定している要素である。文脈は, このようなルールを介してはじめて, ターゲットである表情の解釈に影響を与えるのである(コラム 5·2 参照)。

● ● ● 5-2 ● ● ●
文脈化と感情研究

次に, 近年の感情研究における文脈の重視, 感情の文脈化という観点から心理的構成主義についてあらためて検討し, あわせて文化を文脈の一つとみなしておこなわれてきた比較文化研究を紹介する。

(1) 文脈化と構成主義:文脈そのものとしての感情

先に紹介したメスキータら(Mesquita, Barrett, & Smith, 2010)は, 文脈第一主義とでも訳すことのできる "context principle" というスローガンのもとに, 『文脈の中の心(*The Mind in Context*)』という書籍を出版した。そこでは, 感情を含む人間の心を理解するためには, まず何よりも文脈が重要であるとされている。このような感情の文脈化は心理的構成主義における感情のとらえ方を反映している。

具体的に見ていこう。3 章で紹介したコア・アフェクト説では, 一般に感情と呼ばれる怒り, 悲しみ, 喜びといった感情カテゴリー

5-2 文脈化と感情研究

は，感情エピソードと呼ばれるべきものであり，それは，個人が持つ感情の元型（プロトタイプ）との類似性によって決まる。この類似性を判断するときの手がかりは，3章の図3·5に示したように，「コア・アフェクト」，「知覚されたアフェクティブ・クオリティ」，「対象への帰属」，「評価」，「行動」，「感情のメタ体験」，「感情調整」

=== コラム 5·2 ===

表示規則と表情の文化差

　表示規則は，場面に応じた適切な感情表出についての，社会，文化的慣習，習慣，ルールのことである。エクマンらが，感情表出としての表情の普遍性を主張した（基本表情）のに対して，文化人類学者などから，表情の文化差を指摘する批判があったことに対応するために提案された概念である（e.g., Ekman & Friesen, 1975）。エクマンらは，基本表情は汎文化的で，文化や国にかかわらず普遍的な特徴を持っているが，その表情をどのように表し，調整するかについては，文化によって異なるルールがあり，結果的に表情の文化差が生じていると説明する。

　例えば，日本では，葬儀の席では，悲しみをほどほどに表し，それをこらえるような表情をするのが適切であると考えられているのに対して，韓国などでは，大きな声をあげて悲しみを表現することが習慣となっている。また，アフリカ，ガーナ共和国のある地域では，死者の周りで踊ったり笑ったりすることによって弔いの儀式をおこなう。これらは共通して，人の死に対する悲しみの体験に関連した場面であるが，そこでどのような行動をとるのがふさわしいかは文化によって変わる。

　表示規則の効果としては，最大化，最小化，中立化，偽装などが考えられる。つまり，ルールに従って，感情を大げさに示すことが期待されている場合は最大化，小さく示すことが望ましい場合は最小化，何も感じていないように見せる必要があれば中立化，実際に感じている感情とは異なる感情を示す必要があれば偽装することになる。

などの感情に関わるさまざまな心理的事象である。これらはまさに，感情の意味を決定する心理的文脈とみなせる。

さらに，「感情は文脈である」という主張は，心理的文脈の総体として感情を理解する必要があることを示している。心理的構成主義では，これら諸要因は，いずれも内的な心理的状態であり，処理プロセスもしくはその状態や，プロセスの結果として生じる心的表象であると考えられる。それ故に，この理論の主張する文脈化は，あくまでも個人の内的世界における文脈化ということができよう。

しかし，このような内的状態やその状態に変化が生じる原因は，外的環境にさまざまな原因があるためと考えることもでき，それらの外的要因の中に，内的状態に影響を及ぼすものがあれば，その外的要因自体を文脈ととらえることもできる。例えば，他者が存在していること，見知らぬ場所であること，つよい悪臭がするなどの外的要因は，必ずしも内的表象によって媒介されることを前提にしなくとも，私たちの感情に直接影響を与えるとみなすことができる。心的表象などの内的心理状態ではなく，このような外的要因が組織的に感情に影響を与えるという考え方は，基本感情説はもとより，評価理論，社会的構成主義などと呼ばれる伝統的な感情理論の立場とも関係している。

メスキータ（Mesquita, 2010）は，感情（emotion）はこれまで個人の中の固定された特性であると考えられてきたが，実際には，関係性の中の動的プロセスによって文脈化された動きであると述べている（emoting という表現を用いている）（図 5・1 参照）。このような関係性を内的表象とみなすか，外的，社会・文化的要因とみなすかによって，心理的構成主義と社会的構成主義いずれかの立場に分かれると考えられる。

 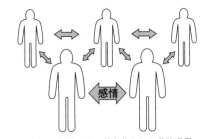

(a) 個人の固定的特性としての感情（emotion）

(b) 関係性の中で外在化された動的過程としての感情（emoting）

図5・1 関係の中に文脈化される感情
出典）Mesquita et al.（2010）をもとに作成

心理的構成主義と社会的構成主義のいずれの説明がより妥当かについては，今後の研究をまたなくてはならないが，感情を，私たちが現実の場面において体験するリアルタイムの現象であるとすると，それは動的で，刻々とその状態を変えつつ推移していくものであると同時に，ある程度まとまりをもった体験として名前を付けることができるだろう。それ故に，心理的構成主義的な見方と社会的構成主義的な見方は同時に考慮していく必要がある。

次に，構成主義と基本感情説の関係についても考えてみよう。例えば，表情だけに注目したとしても，そこには，動的で，無限とも思われる変化の組み合わせがあると同時に，怒った顔，うれしそうな顔というように，ラベルづけをすることのできるパターンも存在する。

顔面には40を超える表情筋が存在し，それぞれは連続的に変化し，それらの動きが組み合わされることによってその時々の表情が作り出される。それぞれの筋の動きを，単純に動くか動かないかの2値で考えても，2の40乗の組み合わせがありうる（3章の**コラム**

3·1 参照)。そのように考えると，ある表情は，まさにその瞬間の表情筋運動の唯一の組み合わせの結果であり，同じ表情を再現したり，見たりすることは二度とないともいえる。これは，文脈によってはじめて感情が規定されるという構成主義の考え方と対応する例である。

一方で，ある範囲の変動を許容すると，動きのパターンはいくつかの種類に分類することができ，それが基本表情であるという説明も妥当である。このように考えていくと，基本感情説と構成主義の両者を統合したようなモデルを想定することが適切であろう(3-3 節参照)。

(2) 文脈としての文化

感情そのものを文脈としてとらえる考え方は，繰り返しになるが，心理的構成主義の影響によって活性化し，注目を集めてきた。一般的に，文脈という概念は，発達，ジェンダー，世代，地域，国，文化といった，感情そのものではないが，感情の表出や認知に影響を与えるものという意味で用いられてきた。1990 年代から文化心理学への関心が高まり，多くの比較文化研究がおこなわれてきたが，そこでは，日本，アメリカ，東アジア，西洋など，国や地域，文化を指す意味で「文脈」が用いられてきた。つまり，文脈は，さまざまなレベルで，ターゲットの意味解釈に影響を与える要因を指す用語として用いられてきたのである。

文化人類学者のホール(Hall, E. T., 1976)は，コミュニケーションにおいて文脈を重視する度合いが，文化によって異なることを指摘し，文化を大別して高コンテキスト文化と低コンテキスト文化とに分けた。

5-2 文脈化と感情研究　　　**127**

　ホールによれば，文脈を重視する高コンテキスト文化の代表例は
日本である。日本では，あれ，それ，どうも，といった，その語句
自体ではほとんど意味が通じないような表現を用いても，ある程度
正確なコミュニケーションが成立する。つまり，言語的には明示的
な表現がなされなくても，文脈が共有されていることによってコミ
ュニケーションが成立するのである。空気を読む，あうんの呼吸，
以心伝心など，明示的に表現することを揶揄するような傾向は，こ
のような文脈重視の傾向と呼応している。

　低コンテキスト文化の代表例としてはアメリカが挙げられている。
アメリカは，世界のさまざまな地域出身の，異なる言語や習慣をも
つ移民たちが集まって作り上げた社会であり，文脈が共有される度
合いは低い。それ故にコミュニケーションは明示的におこなわれ，
すべてのことを言語的に伝えようとする傾向がつよい。そのため，
言わないことは，考えていないか，うまく表現できないといった能
力の低さを反映しているという評価につながり，沈黙は必ずしも金
ではない社会ということになる。

　このような，文脈を考慮する度合いについて日米を比較する研究
がおこなわれている。マスダ（Masuda et al., 2008）らは日米の大学
生を対象に，**図 5·2** に示すような画像を提示し，中央にいる人物
の感情を判断させる実験をおこなった。この実験では，中央にいる
人物として，白色系の人種とアジア系の人種を設定した。ターゲッ
トとなるこの人物の表情は怒り，悲しみ，喜び，中立であった。同
時に，背景にいる人たちの表情も変化させ，中央の人物と背景の人
たちの表情が一致する条件と一致しない条件が設定された。

　実験結果は予想通りであり，中央の人物に対する感情の判断は日
米で異なり，アメリカ人大学生が，背景人物の表情からほとんど影

図 5・2　刺激の例：ターゲット人物（中央）と背景人物の表情
出典）　Mosuda et al.（2008）

響を受けなかったのに対して，日本人大学生は，大きな影響を受けた。例えば，アメリカ人大学生は，中央の人物が喜んでいるように見えれば，背景の人の表情が変わっても，その判断に大きな変化はなかったが，日本人大学生は，同じ喜んでいる表情を見ても，背景の人たちが怒っていたり，泣いていたりすると喜びの度合いを低く評価した。

　なぜ，このような違いが生じたのかを調べるために，実験後に，実験参加者らに自らが見た刺激画像を思い出してもらったところ，図5・3に示すような結果になった。つまり，ターゲットである中央の人物の表情が変化したことについては，日米いずれの学生も正しく認識していたが，背景人物の表情が変化したことを認識していた割合は，日米で大きな差がつき，特にアメリカ人参加者で少なか

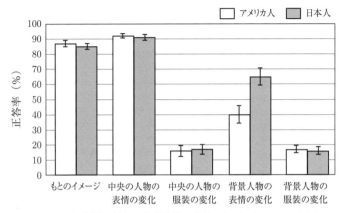

図 5・3　再認課題の結果：背景人物の表情に気づかないアメリカ人
出典）　Masuda et al.（2008）をもとに作成

ったのである。

　これは，実験参加者（表情判定者）であるアメリカ人が，そもそもターゲット以外の情報には目もくれなかったということなのかもしれない。マスダらは，視線の動きを確認するために，改めて実験をおこなった。刺激が提示されてから一定時間ごとの視線行動を分析した結果，刺激が提示されてから最初の1秒以内では，日米ともに，ターゲット人物に注目していた。その後は，日米の視線行動に違いが表れた。アメリカ人が，2秒後，3秒後もターゲットを見続けていたのに対して，日本人はターゲットを見る時間が少なくなっていたことが確認された。

　これらの結果は，日本人参加者が，中央の人物の感情を判断する際に，ターゲットであるその人物の表情以外の情報を手がかりにする傾向を持っている，すなわち，文脈を重視した判断をおこなう傾向があることを示しているといえるだろう。言い換えると，アメリ

カ人は，文脈を考慮しようとする傾向が低く，中央の人物の感情は，その人自身のものとして，他者からは独立した状態として存在していることを前提にしている。感情に対するとらえ方，また，感情とは何かについての考え方の根本的な違いを表しているといえるだろう（1–1 節（4）も参照）。

5–3
今後の展開
——学際的アプローチと感情研究の文脈化——

ここまで，文脈をキーワードに，感情の定義や文脈そのものに関して解説するとともに，具体的な比較文化研究の例を紹介してきた。この章の最後に，感情研究を現実の問題解決に役立てるという観点から，文脈という概念をさらに拡張して考察する。

(1) 学際的アプローチ：現場とエンジニアリング

不登校やいじめのような教育現場での問題や，偏見や差別，集団間紛争への対応など，現実の課題の多くには，感情が深くかかわっている。このような問題の解決のための研究を想定すると，感情そのものに加え，それらの問題が生じている現場を構成しているさまざまな要因を考慮する必要が生じる。これはまさに文脈に焦点を当てることであり，感情研究の文脈化の問題であると考えることができる。さらに，問題には，さまざまな要因が複合的にかかわっており，それ故に学際的で分野融合的な研究が不可欠となる。

現実社会の問題を解決するために，さまざまな研究分野の知見を用い，総合的，融合的に対応することを，広い意味での工学的取り

組み,すなわちエンジニアリングという。以下では,感情研究の現場での活用例として,「学校現場におけるさまざまな不適応行動」や「社会的排斥」への対応,予防についての取り組みを取り上げる。その際,例えば,学校という社会の特定の現場で生じている,いじめ,差別,暴力,不登校などを分析し,現実的な対応案を策定するためには,単に教育学,心理学などの一分野の研究だけではなく,法,政治,経済,教育,心理,文学・文化研究などを含む,さまざまな研究分野の知見を用い,総合的,融合的に対応すること,つまり,現場を踏まえたエンジニアリングが求められているといえるだろう。

これを一般化して説明すると,図 5・4 のようになる。つまり,専門分野で積み上げられた知見や,それに基づいて開発された技術は,現場の問題とのすり合わせ,つまり,現場への文脈化を経て,

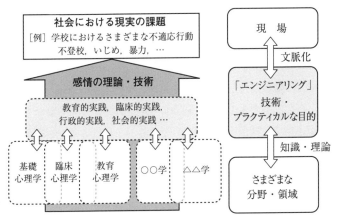

図 5・4　エンジニアリングとしての感情の学際的・分野融合的研究
出典）　中村（2016）

初めて役に立つ知識や技術となる。同時に，現場への文脈化のプロセスが，専門分野の知識や技術を見直すことにつながり，より一般化され，適用範囲の広い理論の構築や技術開発に結びつくと考えられる。

(2) 学校における不適応の問題：現場としての学校と社会

現実の現場での課題解決の例として，まず，学校における不適応の問題への対応を取り上げる。渡辺(2015)は，教育現場における取り組みとして，不適応の問題などの学校の危機への免疫力を高める技術として，あいさつなどの社会的技能を含むソーシャル・スキル・トレーニングと，その中でもとくに感情の役割に注目したソーシャル・エモーショナル・ラーニングの導入が，健全な学校風土を目指す学校予防教育とみなされていることを指摘し，具体的な技術(教育の方法，技法)の開発と評価，その導入の過程や成果などについて報告している。

学校の危機，リスクとしては，①不登校，虐待，病気，自殺企図などの個人レベルの危機，②いじめ，学級崩壊，校内暴力などの学校レベルの危機，さらに，③殺傷事件，災害，教師の不祥事など社会レベルの危機が想定される。さらに，このように多様な危機の中には，自然災害などのやむを得ないものを除き，予防可能なものが多いが，実際には後追いの対応が多くなっていることが指摘される。

このような問題に対応するために危機管理(リスク・マネジメント)とそれに関連した能力の開発としてのエンパワーメント，危機対応としてのクライシス・マネジメントのプロセスを図5・5に示した。図中左上にあるように，心理教育プログラムが，リスクマネジメントとしての予防策や，職場における効力感を高めるエンパワ

5-3　今後の展開：学際的アプローチと感情研究の文脈化

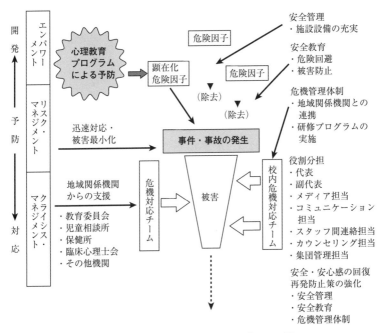

図 5・5　学校における危機管理のプロセス例
出典）　渡辺(2015)を改変

ーメントのための開発にかかわっている。同時に、実際に事故などの危機が生じた際には、行政をはじめ、さまざまな組織や主体がかかわり、協同して対応する必要のあることが示されている。

そこでは、感情研究は、直接的には心理教育プログラムの内容にかかわっている。具体的には、感情の伝達や理解、制御にかかわるソーシャル・スキル・トレーニングやソーシャル・エモーショナル・ラーニングのような訓練技法の開発とその検証をおこなうことなどが挙げられる。さまざまな分野の感情研究によって、これまで

に，感情コミュニケーションにかかわる能力である感情コンピテンスとその発達に関する知見や，それらの測定方法の開発と検証などに関して，多くの成果が蓄積されてきている。

ただし，その成果を現場に適用することは必ずしも容易ではなく，多くの関係者の協力があって初めて可能となる。また，渡辺(2015)によると，多くの学校でこのような技法が取り入れられることになったきっかけは，平成10年の学習指導要領で創設された特別活動や総合的な学習の時間ができたことの影響がある。実際に，学校現場で取り組みを実施するためには，教育行政や学校関係者との調整も必要となり，その関係者の説得など，それ自体が感情的課題として位置づけられる実践的対応が必要とされる。

(3) 社会的排斥の問題：文脈化の例としての教育モデルの構築

学際的研究，分野融合的研究の重要性は強調されても，その成果を実際に分野融合的なものとして示すことは容易ではなく，ともすれば個別の分野における独立した研究成果を並べて，まとめの報告とされることもある。これに対して，中村・清水・米山(2016)は，異分野融合的研究の具体的取り組みの一つとして，差別やヘイトスピーチなど，社会におけるさまざまな排斥的行動に対応するための教育モデルを構想することを目標として設定した。

つまり，例えば，「いじめについては心理学の実験でこのようなことがわかりました，偏見や差別については文学・文化研究ではこのような知見があります，国際関係論では，ある地域で民族間紛争の事例が報告されています」といったことを並記するのではなく，それらの個々の分野の成果を有機的にまとめ，異分野が融合することの意義を目に見える形にするための試みとして，教育モデルの構

想という具体的目標を設定したのである。

この試みにおいては，とくに「共感の反社会性」に焦点を当てて「排斥的行動」への対応を論考するために，道徳的判断に関する哲学，脳神経科学，心理学領域における研究を紹介し，議論の枠組みとしてグリーン（Green, J., 2013）の提唱する道徳的判断の理論を用いることにした。グリーンは，道徳的判断には大きく分けて2種類あり，①直感的，感情的な速い判断と，②功利主義的な遅い判断があるとしている。

前者の速い道徳的判断は，価値観などを共有している集団内の問題解決にはおおむねうまく対応できるが，集団間に生じた問題の解決には不向きである。異なる価値観を持った集団間の問題解決には，功利主義などの共通の価値を設定し，時間をかけて判断することが必要となる。このような2種類の判断を前提に，それらの特徴を学び，集団内，集団間の問題にうまく対応する能力を育成するための教育モデルを構想することを考えた。

教育課題については，主に心理学分野における，共感にかかわる感情コンピテンス（能力）の発達に関する知見を展望し，これらの知見とともに，国際関係論，文学・文化論における研究成果に基づき，排斥的行動に対応するための知識を選定し，教育内容を設定することを構想している（教育課題として取り上げるべき項目案は，**コラム5·3**を参照）。

(4) 現場における課題解決の限界と可能性

排斥的行動への対応という問題は，さらに規模を広げると，紛争解決の問題にも関連する。つまり，より大規模な集団レベルの排斥的行動の背景には，感情を含む個人レベル，集団レベルでの心理的

―― コラム 5・3 ――

排斥的行動に対応するための教育プログラム(案)

　哲学者でもあり脳神経科学者でもあるグリーン(2013)は，道徳的判断には，速い判断(小規模集団における秩序維持のための部族主義的な価値観に基づく)と遅い判断(部族主義的傾向を考慮したうえでの功利主義的判断)があるとした。中村ら(2016)は，この2種類の道徳的判断を踏まえて，排斥的行動に対応するための教育課題を提言している。感情研究とその成果は，主に，以下のA(a)に関連するが，基盤となる教育課題とともに，現実の教育実施場面での対応のすべてにかかわると考えらえる。

A. 「速い道徳的判断」に特に関係する課題
　(a)共感性を含む，感情コンピテンスの機序，「速い道徳的判断」の仕組み
　　・感情的反応傾向の仕組みと重要性，その制約
　(b)一般的な心理的傾向
　　・行動の背景にあるさまざまな心理的メカニズム(ステレオタイプ，承認欲求，など)
　　・認知的バイアスの可能性(本質的帰属の過誤，確証バイアス，など)
　　・集団に関わる行動(社会的アイデンティティ，内集団ひいき，など)
B. 「遅い道徳的判断」に特に関係する課題
　(a)グローバル・マイノリティ教育(共生教育)
　　・異なる文化，さまざまなマイノリティ集団等に関する知識
　　・差異が生まれる仕組み，マイノリティ定義の選択性，恣意性
　(b)道徳性の議論
　　・宗教的規範
　　・形式主義(義務論，社会契約論)
　　・帰結主義(功利主義)
　(c)権力・法・政治等の社会的制度に関する教育
　　・国家，権力，法による支配
　　・立憲主義と基本的人権
　　・自由主義と民主主義
　　・ナショナリズムとその問題
　(d)迫害，排除，紛争に関する教育
　　・さまざまな事例

・心理的傾向(促進的，抑制・解決的)
・制度の働き(歴史，効果と課題)
C. 教育現場に関する課題：教育者モデルと地域社会
　(a)教育者自身の行動モデル化(思考や行動のパターンの手本)
　(b)地域社会との交流による社会の多重性の体験と集団間問題の認識

プロセスが重要な役割を果たしており，そのような観点から問題に対応する必要がある。清水(2015)は，国際関係論の分野においては，理性的で規範的な人間像を想定して紛争の解決や平和構築を議論していることそれ自体が，その不調の一因となっていることを指摘し，感情的で脆弱な人間像を前提にして解決策を検討する必要があることを指摘している。

　バルータル(Bar-Tal, D., 2011)は，紛争の社会心理学的研究をまとめた書籍の最後に，紛争研究の限界を示している。そこには，興味深いことに，教育現場での取り組みとも共通する，学際的研究と文脈化の限界と可能性が示されている。

　　(前略)彼ら(社会心理学者)の貢献は，紛争の発生及び進展プロセスの分析を通して，紛争支持的レパートリーを解明し，また平和的紛争解決を妨害する障碍を明らかにしたことである。彼らはまた，和平形成に着手し，これを維持するために必要な手続きを示すことができる。しかし，暴力的紛争から平和的解決や和解に進むよう指導者や社会成員の考え方を改めさせるため，具体的なアクションを提案しようとすると，彼らはある困難に直面する。我々の学術知識が，実践家や意思決定者の直面する具体的な実践的課題の解決に適切に応用可能であるという保証は必ずしもあるわけではない。このためには，既存の信念と態度の軟化，和平形成を促す新しい代替レパートリーの採用などを進める具体的な手

続き，メッセージ，条件整備，アクションなどの提案が求められ
ている。複雑な条件を考慮すると，そのように知識を編成するこ
とは容易ではない。(後略) (バルータル，2011, p.361)

ここで指摘されている問題は，先に取り上げた教育現場での新し
い手法の導入にもそのまま当てはまる。教育委員会という行政の責
任者，教育現場である学校の担当者，父兄や地域社会といった，あ
らゆる関係者が，新しい知識や技術の導入に抵抗を示すことは珍し
いことではない。そのような意味では，感情研究の重要性は，課題
そのものに対する対応策の検討場面にとどまらない。そもそも対応
策を実施する現場の状況を柔軟なものにするために，ありとあらゆ
る課題解決の現場で，まさに感情をどのように取り扱うかが極めて
重要な問題になっているといえるだろう。

(5) 今後の課題と展開：ハブ・テーマとしての感情

本章では，感情研究と文脈をテーマに論じてきた。最後に，現実
の社会における具体的な問題とそれに対応するための取り組みの例
をいくつか検討したが，実際に，感情は人間がかかわるありとあら
ゆる問題に，つまり，私たちを取り囲む人間関係や組織，社会の問
題に，本質的にかかわっている根源的なテーマである。

そのため，現実に生じている問題に対応すること，解決すること
を目的とするのであれば，感情の問題を避けて通ることはできない。
このような意味で，感情は，人間が直面しているさまざまな問題を
見るときの基準通貨のようなテーマであり，異なる分野や方法の接
点となるハブ・テーマであるといえるだろう(コラム 6・4 参照)。
本節のはじめに示した図 5・4 にあるように，感情研究(感情の理

論・技術）というハブを設定することにより，それまでは独立した分野領域として研究されてきた問題や対応策に関連性を見いだし，包括的な解決の方途を探るきっかけを作ることができるだろう。感情研究は，人間にかかわるあらゆる問題とその解決のための研究の基盤として，今後ますます重要な役割を果たすものと期待される。

◖ま　と　め◗
☐ 感情の定義を再考し，感情研究を文脈の中に位置づけることの重要性を論じた。
☐ 文脈を定義し，いくつかの種類に分類し，その影響について検討するとともに，文脈に注目した比較文化研究を紹介した。
☐ 教育現場におけるいじめや不登校，マイノリティーへのヘイトスピーチのような社会的排斥といった，現実の問題に対応するためには，感情を共通のテーマにした学際的研究が有効で，重要であることを論じた。

◖より進んだ学習のための読書案内◗
有光興記・藤澤　文(2015).『モラルの心理学—理論・研究・道徳教育の実践』北大路書房
　　☞倫理や道徳に関する心理学的研究を展望するとともに，実践的な教育に関する知見も取り上げ，議論している。
ホックシールド, A.R.／石川　准・室伏亜希(訳) (2000).『管理される心—感情が商品になるとき』世界思想社
　　☞社会学的観点から感情について論じている。感情労働，感情規則といった概念を提唱し，関連分野の研究に大きな影響を与えている。
日本感情心理学会　『エモーション・スタディーズ』第1巻第1号
　　https://www.jstage.jst.go.jp/browse/ems/–char/ja
　　☞日本感情心理学会の機関誌で，感情に関する学際的研究が紹介されている。社会的共生と感情に関する特集が組まれている。

6章

感情と身体

感情と身体活動の不可分な関係

◀キーワード▶
身体化された認知・感情理論,指示的顔面動作課題,表情フィードバック仮説,自閉症スペクトラム障害,統合失調症

　意識より先に身体が動いてしまうということは珍しくない。例えばエレベーターを利用した際に,降りるつもりのない階で降りてしまったという経験は誰しもがもっているだろう。「○階で降りる」と頭の中ではわかっていても,身体が先に反応してしまったのである*)。同様なことは感情についても言えるのだろうか。つまり身体反応が感情に先行するということはありうるのだろうか。本章では,「悲しいから泣くのか,泣くから悲しいのか？」という問題に立ち戻り,感情と身体の関係について考えていく。

---

　*) 同じエレペータに乗っている人が先に別の階で降りる際に,つられて一緒に降りてしまうということはよくある。社会心理学ではこのような現象を同調あるいは同調行動とよぶ。

6-1

悲しいから泣く，泣くから悲しい

(1) 末梢起源説と中枢起源説

　悲しいから泣くのか，泣くから悲しいのか？　2章で述べたように，ジェームズ(James, W., 1884)は，刺激に対する身体反応を知覚することによって感情が生じると論じた。つまり，悲しいから泣くのではなく，泣くから悲しいのである。しかしながら，ジェームズがどのような根拠をもってこのような考えを提唱したのかは定かでない(宇津木，2007)。しかもこの**感情の末梢起源説**は，感情についての私たちの常識とはかけ離れている。私たちの常識からすれば，例えば，肉親の死に直面して悲しみの感情がわき起こり，その結果として涙が頬を伝わると考える方がしっくりする。

　ジェームズが感情の末消起源説を発表した約40年後，キャノン(Cannon, W. B., 1927)は，①イヌの内臓を中枢神経系から切り離しても感情反応に変化が見られないこと，②全く異なる感情であっても交感神経系の賦活によって同じ内臓変化が生じること，つまり特定の感情に対応する特異的な生理変化が存在しないこと，③内臓は比較的感覚が鈍い器官であること，④感情の生起に比較して内臓の反応は鈍いこと，⑤激しい感情において典型的にみられる内臓状態を実験的に作り出しても感情が生じないこと，といった事実に基づき，感情の末消起源説に異を唱えた[*]。そして，現在の私たちの常識とも適合する「悲しいから泣く」という**感情の中枢起源説**を提唱

---

　[*]　感情喚起に伴う身体反応には内臓諸器官の反応を必要とする。キャノンが内臓に注目したのはそのためである。さらにジェームズ，キャノンの時代においては，「末梢」と「内臓」という区別が明瞭でなく，両者をあまり区別せずに議論を展開していたという経緯もある。

6-1 悲しいから泣く，泣くから悲しい   **143**

した。以降，「悲しいから泣くのか，泣くから悲しいのか？」という問題については明確な解答が得られないまま現在にいたっている。

　しかしながら今日の実験・測定機器の進歩によって，身体反応と感情生起との関係について，より精緻な分析がおこなえるようになった。それに伴い，「泣くから悲しい」という一見奇異にも思える感情の末梢起源説を支持する研究データが現れ始めた。

(2) 身体化された認知・感情理論

　ジェームズから約 1 世紀を経た後，アントニオ・ダマシオは**ソマティック・マーカー説**を提唱した(Damasio, 1994)。この仮説では，刺激に対する身体的・生理的反応がまず脳に伝達され，その結果として感情が呼び起こされ，そこで生起した感情がその後の認知過程，例えば良い・悪いといった判断に影響を与え，最終的な行動を導くとされた。

　さらに，従来は理性的な判断を妨げるものとしてとらえられてきた感情であるが，ダマシオによれば，感情は適切な意思決定をおこなうためには欠かせないものである。例えば，身体反応の結果として生じた感情によって悪いと判断された選択肢は排除され，私たちの意思決定を容易にする。この仮説は，身体と感情さらに認知過程という 3 者の相互作用を述べているのである。

　ダマシオによるソマティック・マーカー説をさらに精緻化したものが，近年注目されるようになった**身体化された認知・感情理論**（embodied cognition and emotion）である（e.g., Barsalou, 1999, 2008）。この理論では，記憶，言語あるいは判断といった高度な認知過程を生起させるためには感覚運動システムが重要な役割を果たすとみなす。例えばクマという動物を想像した場合，かつてクマを

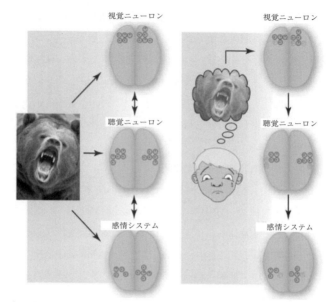

左：唸るクマの知覚によって脳内では視覚，聴覚，感情システムのニューロン群が賦活する。
右：その後，クマの出現を思い出した際に，視覚ニューロンの一部が活性化する。それに引き続いて，聴覚ニューロン，感情のシステムが再活性化される。

図 6・1 身体化された認知・感情理論を理解するための一例
出典）Niedenthal（2007）

目撃した際に私たちの感覚運動システムを通じて脳に到達して記憶されたであろう "あたかもクマのようだ" という概念が生み出され，その概念についての認知的・身体的な再体験が生じるとみなす（図6・1）。これは感情についても同様であり，異なる人が互いに同じ感情を共有する，つまり共感するということは，感覚運動システムによって互いに同じ身体シミュレーションを経験しているのである。

極言すれば，同じ身体感覚を経験すれば，同じ感情や認知判断がもたらされるということである。

6-2
身体動作と認知・感情との関係

(1) 身体から認知・感情へ

　感覚運動システムが認知プロセスに及ぼす影響を検討したフェルスターとストラック（Förster & Strack, 1996）の研究を紹介する。彼らは，実験参加者らに首を縦あるいは横に振らせながら，ポジティブまたはネガティブな感情価（怒り，悲しみ，あるいは幸福感）をもった形容詞を記憶させた。首を縦に振るという行動はほとんどの文化において肯定を意味する動作であり，逆に首を横に振ることは否定を意味する動作である。実験の結果，首を縦に振りながらこれらの形容詞を記銘した実験参加者らはポジティブな形容詞をより多く再認し，逆に首を横に振りながら記銘した実験参加者はネガティブな形容詞をより多く再認した。つまり感情価のある単語記憶は，感情価と一致する運動をおこなうことによって促進されたのである。

　フェルスター（Förster, J., 2004）はまた，商品評価における首ふり効果を検討している。この実験は，もともと好感度の高い商品（もっぱら菓子類）と好感度の低い商品（ラードや豚の舌，牛の肺など）の写真をコンピューターの画面上に呈示し，それぞれの商品に対する実験参加者の好感度と購買意欲を問うというものであった。

　商品呈示の際には，いくつかの商品はコンピューター画面上を縦方向に移動し，またいくつかの商品は横方向に移動した。これは，実験参加者が無意識のうちに前者は首を縦に振るという動作を促進

―――― コラム 6・1 ――――

カウンセリングにおけるミラーリングの効果

　来談者中心療法の創始者であるロジャーズ(Rogers, C. R., 1957)は，カウンセラーに必要な態度として以下の3つを挙げている。すなわち，①自己一致(クライエントに対してはもちろんのこと，カウンセラー自身が誠実であり，クライエントとの透明かつ歪みのない関係が築けること)，②受容(相手を無条件で受け入れ尊重すること)，③共感的理解(クライエントの見方，感じ方，考え方を，あたかも自分自身のものであるかのように感じ取ること)の3つである。これらは，カウンセリングの現場に限らず，私たちの日常の人間関係においても重要なものであろう。

　ところでカウンセリングの現場では，ミラーリングという技法が用いられることがある。ミラーリングとは，クライエントの表情や身振り，姿勢，さらには声のトーンや話し方などをセラピストがあたかも鏡(ミラー)になったかのように模倣する技法である。澤田(1998)によれば，臨床場面における共感の初期段階は感情的共感であり，カウンセラーは動作模倣によってクライエントの感情を体験することができるとされている。

　青柳(2013)は，カウンセラーが意図的にミラーリングをおこなうミラーリング群と，カウンセラーの自然の動作に任せる非ミラーリング群を設け，クライエントが感じた「カウンセラーは私を理解してくれた」という共感の程度を測定・比較した。その結果，クライエントが感じた共感の程度はミラーリング群が有意に高かった。つまりクライエントは，自分の動作を模倣されたことによって，カウンセラーが自分に共感してくれていると感じたのである。

　いったいなぜこのようなことが生じたのであろうか。その可能性のひとつとして，ミラーリングによって生じた「身体化された感情」の生起が，クライエントに対するカウンセラーの感情的共感を実際に引き起こした可能性が考えられる。今後はミラーリングによるカウンセラー側の共感の程度を実際に測定することによって，共感という複雑な心理過程を解明することが可能となるであろう。

し，後者は首を横に振るという動作を促進していることを利用した
のである。なお統制条件として，画面中央に固定表示され，画面上
を移動しない商品もあった。

　実験の結果，もともと好感度が高く，画面上を縦方向に移動した
商品に対する好感度・購買意欲はともに統制条件に比べて高くなっ
た。また，もともと好感度が低く，画面上を横方向に移動した商品
については，好感度・購買意欲ともに統制条件に比べて低くなった。
すなわち，実験参加者が意図せずにおこなっていた動作（首を縦に
振るか横に振るか）が，商品に対する好悪感情を変化させたのであ
る。

　接近あるいは回避の動作もまた感情に影響する。ニューマンとス
トラック（Newmann & Strack, 2000）は，コンピューター画面上に
ポジティブ語とネガティブ語を呈示し，実験参加者には腕を曲げた
まま（接近）あるいは伸ばしたまま（回避）の姿勢で分類させた。その
結果，腕を曲げたままの条件ではポジティブ語がネガティブ語に比
べてより速やかに分類され，逆に腕を伸ばしたままの条件ではネガ
ティブ語がポジティブ語に比べてより速やかに分類された。

　彼らの第2実験では，コンピューター画面のグラフィック効果
を利用して，あたかも実験参加者がコンピューター画面に近づいて
いる（接近），あるいは遠ざかっている（回避）という臨場感を与え，
同様な実験をおこなった。その結果，接近の場合はポジティブ語が，
回避の場合にはネガティブ語がより速やかに分類されることが明ら
かになった。接近（回避）という動作がポジティブ感情（ネガティブ
感情）を喚起し，そのことによってポジティブ語（ネガティブ語）の
分類が促進されたと考えられる。なお，接近−回避がもたらす感情
効果についてはファフら（Phaf et al., 2014）のレビュー論文を参照

してほしい。

　身体感覚が認知活動に与える影響を検討した研究として，シューベルト（Schubert, 2004）の研究がある。この研究では，権威や勝利といった力（パワー: power）に関係した単語（英語圏の学生を対象とした実験であるので実際には authority, victory という単語が用いられた）は，実験参加者がこぶしを握っているときの方がピースサインをしている時よりもより速やかに認識されることが示されている。

(2) 認知・感情から身体へ

　これまで紹介してきた諸研究は，身体的動作が感情を介して認知プロセスに与える影響を検討したものであるが，その逆，つまり感情を介した認知プロセスが身体動作に与える影響を検討した研究もある。オーステルヴァイクら（Oosterwijk et al., 2009）は，プライド／成功，あるいは失望／失敗という概念に関連した単語をできるだけ多く再生するように実験参加者に教示し，その間の実験参加者の姿勢を録画した。分析の結果，失望／失敗関連の語彙を再生する際には，実験参加者の姿勢は背中を丸めて，前かがみになることがわかった。一方でプライド／成功関連の語彙を生成する際にはそのような姿勢の変化は見られなかった。この結果は，失望／失敗といった概念を活性化することによって，実際の失望気分に伴う身体状態がもたらされることを意味している。言い換えれば，感情についての概念的知識にアクセスすることによって，その感情に最も関連する姿勢をとってしまうということである。これは感情について話したり考えたりする際に活性化される心的表象と感情が重なり合うという，身体化された感情理論から導かれる考え方を支持している。

—————————————— コラム 6・2 ——————————————

似たもの夫婦

　「似たもの夫婦」という言葉がある。どうやらこの言葉にはふたつの解釈があるようだ。ひとつは，夫婦になる男女はもともと趣味や性格が似ているというもの，もうひとつは，長年夫婦として一緒に暮らしていると，趣味や性格が似てくるというものである。たまごが先かニワトリが先かといった議論にも似ているが，果たして心理学ではどのような回答が得られているのであろうか。ここでは長年連れ添った夫婦が感情のミラーリングによって表情が似てくるという古典的な研究を紹介する。

　ザイアンスら(1987)は，男女それぞれ 12 名の顔写真をペアにして対呈示し，各ペアの顔の類似度とその婚姻の可能性を大学生に評価させた。なおそれらの顔写真は 12 組の実際の夫婦から得られたものであり，さらに新婚当初の顔写真と結婚後 25 年を経た時点での顔写真が準備された。したがって対呈示された顔写真は，実際の夫婦である場合と同年齢の顔写真を男女で無作為に組み合わせた場合とがあった。その結果，男女の顔の類似度と婚姻の可能性についての評価は，結婚後 25 年を経た実際の夫婦の場合が最も高かった。また，新婚当初の顔写真の場合，各ペアの婚姻の可能性についての評価は，実際の夫婦と無作為に組み合わされた男女ペアの場合とでは差がなかった。さらにこの研究で特筆に値するのは，12 組の夫婦のうちで最も幸福度が高いと報告したカップルの場合，その顔の類似度も最も高かったことである。

　このような結果についてザイアンスら(1987)は，夫婦の共感性がその一因であると考察している。つまり，仲の良い夫婦は同じ感情を共有することが多く，そのためにはお互いの表情を似せる必要があるというのである。そして同じような表情筋の動きを長年繰り返すことにより，やがて同じような場所に同じような皺が刻まれて「似たもの夫婦」になっていくというのが彼らの結論である。

　現在ではコンピューターによる顔認証技術が進み，2 枚の顔写真の類似度を瞬時に判定してくれる技術も存在する。この技術を利用して，夫婦の幸福度を判定してみるのも面白いかもしれない。

6-3
表情と認知・感情との関係

(1) 指示的顔面動作課題(directed facial action task)

1970年代，エクマンとフリーセンは，感情によって活性化される表情筋を同定するためのコーディング・システム(facial action coding system: FACS; 顔面動作符号化システム，3章のコラム3・1参照)を開発した(Ekman & Friesen, 1978)。このシステムを開発するために，エクマンとフリーセンは何千時間もかけて自分たちの顔の筋肉を動かし，それらの動きによって顔にどのようなしわやくぼみ，あるいは膨らみといった表情変化が出てくるかを克明に記録した。この過程でエクマンは，表情筋を動かすことによって彼自身の中にわずかながらも感情の変化が生じることに気づいた。同時に測定した自律神経系の反応では，眉間にしわを作ると心拍が上がり，血圧も上昇した。また鼻の周りにしわを作り，舌先を突き出すと心拍は減少した。

感情は表情に現れる。感情はその感情に特有の表情を表出させる。その表情を意識的に表出することによって特定感情を生み出すことはできるだろうか？もしもそれが真であるなら，特定の身体反応が特定の感情経験を生じさせるというウィリアム・ジェームズの考え方と一致する。

エクマンの弟子であり共同研究者でもあるレーベンソンらは，**指示的顔面動作課題**による自律神経系活動の観察を組織的におこなった(Ekman, Levenson, & Friesen, 1983; Levenson et al., 1990)。彼らは表情筋に関する細かな指示を実験参加者に与えることによって，6つの基本感情に特徴的な表情を作らせた。例えば，ある表情につ

6-3　表情と認知・感情との関係　　　　　　　　　　　　　**151**

表 6·1　6 つの基本感情に特有の表情表出と自律神経活動の変化量

	怒り	恐怖	悲しみ	嫌悪	幸せ(笑い)	驚き
心拍(BPM)	5.0	5.5	4.2	.70	2.4	.20
指尖皮膚温度(℃)	.20	−.05	.07	.07	.10	.10
皮膚コンダクタンス反応(μ℧)	.41	.58	.43	.52	.07	.07
筋活動(相対値)	−.01	.01	−.01	.01	.01	.00

出典　Levenson et al.（1990）をもとに改変。
　それぞれの指標の数値は，平常時，つまり表情についての指示がなされていない統制条件において測定された値からの変化量である。

いての指示は次のようなものであった。

　　1.　鼻の周りにしわを作りなさい

　　2.　上唇を引き上げなさい

　　3.　口を開け，舌を突き出しなさい

　これらの指示によって作られるのは典型的な嫌悪の表情である。実験参加者が指示通りの表情を作り出すことができたら，そのまま10 秒間その表情を維持させ，その間に自律神経活動が測定され，統制条件と比較された（**表 6·1** 参照）。

　これらの結果を，キャノンが問題とした生理的特異性の有無という観点から見てみよう。キャノンは "全く異なる感情であっても交感神経系の賦活という同じ内臓変化が生じる"，つまり自律神経系にはそれぞれの感情に対応する特異的な生理変化はないと述べた（p.142 参照）。しかしながらこの表からわかるように，第 1 に，心拍の上昇は恐怖，怒り，悲しみの表情に対して生じているが，嫌悪に対してはほとんど生じていない。第 2 に皮膚コンダクタンス反応（発汗の程度を反映する指標）は怒りや悲しみに対するよりも恐れや嫌悪で高い。第 3 に，指尖皮膚温度は怒り表出時に最も高くなる。要約すれば，怒り，恐怖，悲しみ，嫌悪といった 4 つのネガ

ティブな感情は，ここで測定されている自律神経系の指標において
それぞれ反応の特徴が異なっていたのである。すなわち，レーベン
ソンらの実験結果は，「交感神経系の賦活がすべての感情において
同じように生起する」というキャノンの説明に否定的なものである
といえよう。

その後レーベンソンらは，インドネシアの西スマトラ島の母系制
部族であるミナンカバウ族に対して，指示的顔面動作課題を実施し
(Levenson et al., 1992)，同様な結果を得ている。つまり，ある特
定の感情に対応する生理的特異性は文化を超えて普遍的なものであ
ることを示唆してる。

レーベンソンらの研究は，意図的にある特定の表情を実験参加者
に作らせ，その間の生理活動を測定するというものであった。これ
とは逆に，感情的認知課題の最中の実験参加者の自発的な表情変化
を検討した研究がニーデンサルら(Niedenthal et al., 2009)によって
おこなわれた。この実験では，実験参加者に対して3つの異なる
感情，つまり，怒り，喜び，嫌悪に関連した語彙リストを呈示し，
それぞれの単語が3つの感情カテゴリーのどれに関連しているか
を分類させるという課題が与えられた。具体的には，ケンカ(怒り)，
太陽(喜び)，嘔吐(嫌悪)といった単語であった。この語彙分類課題
中の実験参加者の表情筋活動(EMG)[*]の値から，分類課題前後の
EMG平均値を引いて求めたEMG変化量を示したものが図6·2で
ある。

図6·2から明らかなように，感情に関連した語彙分類はその感
情に特異的な表情筋の活動を生起させている。怒りに関連する語の

　＊）　Electromyogram の略で筋電図と呼ばれる。筋肉の活動電位を記録したもので
ある。

6-3 表情と認知・感情との関係

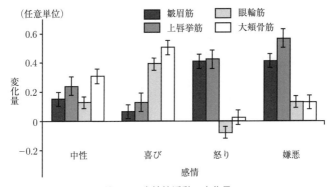

図 6・2　表情筋活動の変化量
出典）Niedenthal et al.（2009）

分類は，両眉毛を中央に寄せるための皺眉筋*⁾の活動を，喜びに関連する語の分類は，唇の端を引き上げる大頬骨筋と目の周りの眼輪筋の活動を，さらに嫌悪に関連する語の分類は，上唇を上に引っ張り上げる上唇挙筋の活動をそれぞれ引き起こしている。つまり，感情に関連した語の分類課題は，それらの感情に特異的な身体的活動の賦活をもたらしたのである（コラム 3・1 参照）。

(2) 顔面フィードバック説とペンホールディング法

先に見たレーベンソンらの研究やニーデンサルらの研究結果は，「身体，特に顔面表出（表情）のパターンが，何らかの形で質的に異なる主観的体験に先行し，その主観的体験の原因となる」（Laird, 1974, p. 476）ということを物語っているであろう。つまり，表情によって主観的な感情体験を生み出す，あるいは変容させることがで

---

*）「すうびきん」とも読む。

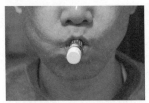 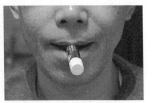

笑顔抑制(ペンを唇でくわえる)　　笑顔促進(ペンを歯でくわえる)

図6·3　ペンホールディング法

きるということである(Adelmann & Zajonc, 1989)。このような考え方を**顔面フィードバック説**(Facial Feedback Hypothesis)という(Buck, 1980; Tourangeau & Ellsworth, 1979)。

しかしながらエクマンらが開発した指示的顔面動作課題は,通常の実験室で遂行するには実験者ならびに実験参加者にとってはあまりにも負担が大きい。そこでストラックら(Strack et al., 1988)は,その表情づくりの困難さを巧妙な方法によって切り抜けることを試みた。それが**ペンホールディング法**である。

この方法では実験参加者にペンをくわえさせるのであるが,一方の条件ではペンを唇でのみくわえ,もう一方の条件ではペンを歯でくわえるように教示する(図6·3)。ペンを唇のみでくわえた場合は口輪筋が収縮し,笑顔に関連する筋活動を抑制することができる。ペンを歯のみでくわえた場合には,大頬骨筋が収縮し,実験参加者が気付かないままに笑顔を作りだすことが可能になる。

ストラックら(Strack et al., 1988)は,これら2条件に加えて,ペンをくわえずに非利き手で保持するという統制条件の下で,複数のマンガの面白さを実験参加者に評定させた。その結果,ペンを歯でくわえるという動作が求められた笑顔促進条件では,ペンを歯のみでくわえるという笑顔抑制条件に比較して有意に高く面白いと評価

された。この研究に続いてスーサイナン(Soussignan, 2002)やダクロスとレアード(Duclos & Laird, 2001)らも同様な結果を報告した。

また先に紹介したニーデンサルらの研究(Niedenthal et al., 2009)における第3実験では,ペンホールディング法によって実験参加者の表情を抑制させた上で嫌悪,喜び,怒りの3つの感情に関連した単語分類課題が実施された。ただしこの時のペンホールディング法は,ペンを水平にくわえるという方法であり,嫌悪に関連した表情筋の運動(上唇の挙上)と喜び(微笑)に関連した表情筋の運動が妨げられるというものであった。ニーデンサルらは,嫌悪ならびに喜びに関連した表情を作ることができなければ,それぞれの感情に関連した単語の分類も困難になるであろうと予測した。結果は予測通りのものであり,嫌悪と喜びに関連した単語の分類成績は,ペンをくわえずに自由な表情で分類させた時よりも有意に低下した。彼女らはこの結果から,身体化された感情はその感情に関連した単語の分類を促進すると結論した。

ペンホールディング法による表情の抑制が文章理解に及ぼす影響についても検討がおこなわれた。ハバッシュら(Havas et al., 2007)は,感情的意味を伴う文章の理解において,その文章の内容に一致した感情表出は文章の理解を促進し,逆に一致していない感情表出は文章の理解を妨げるであろうと予測した。実験参加者は,ペンを歯で挟んでくわえる笑顔群と,唇で挟んでくわえる笑顔抑制群とに分かれて文章を黙読し,その文章が快適な出来事であるか不快な出来事であるかの判定を求められた。快適な出来事を述べた文章を理解するのに必要だった時間は,笑顔群の方が笑顔抑制群よりも短かった。逆に不快な事象を記述した文章の理解に要する時間は,笑顔抑制群の方が短かった。この研究の第2実験では,文章の理解が

実験条件　　　　　　統制条件
2つのゴルフティーを近づけようとすると(実験群)，
悲しみと類似した表情が現れる。

図 6・4　ラーセンらの実験の模式図
出典）　Larsen et al.（1992）

易しいか難しいかを参加者が判断するというものであったが，第1実験と同様な結果が得られた。

　ペンホールディング法は，疑似的な笑顔，すなわち喜びの表情を作り出すあるいは抑制する方法である。この方法以外に，実験参加者にそれと悟られないままに表情を作り出す方法はないだろうか。ラーセンら(Larsen et al., 1992)は，実験参加者の両眉の内側にそれぞれゴルフティーを張り付け，実験中にこれら両ゴルフティーをできるだけ近接させるように(実験条件)，あるいはゴルフティーを可能な限り動かさないように(統制条件)教示した(図 6・4)。

　ゴルフティーを近づけるためには皺眉筋の収縮を必要とし，この皺眉筋が収縮すると疑似的な悲しみの表情を作り出す。実験では複数の写真が呈示され，実験参加者はそれらの写真によって引き起こされる悲しみの程度を評定した。その結果，疑似的に作られた悲しみの表情の下で評価する条件(実験条件)の方が，悲しみの表情を抑制した条件(統制条件)の下での評価よりも悲しみはより大きく評価

6-3 表情と認知・感情との関係 **157**

された。

　モリとモリ(2010)は，実験参加者が眉間にしわを寄せた状態をテープ(バンド・エンド)で固定して先のラーセンらの実験を追試し，ネガティブな対象をよりネガティブに評価するという同様の結果を得た。またバーマイティンガーら(Bermeitinger et al., 2013)は，このテープ固定法によって驚きの表情を作り出し，潜在系列学習に及ぼす効果を検討した。潜在系列学習では，それ以前に学習した系列とは異なる刺激系列が突然呈示されて実験参加者は驚くことになる。この驚きが実験参加者の反応遅延を引き起こすという仮説の下で実験が実施された。その結果は仮説を支持するものであった。

　以上見てきたように，ペンホールディング法やその他の方法によって作り出された表情は，例えそれが疑似的ものであっても私たちの感情的認知処理に影響することが明らかとなった。

(3) ボトックス注射による表情抑制

　ある特定の表情をブロックし，感情に関わる反応を測定するという実験方法にボトックス皮下注射法がある。ボトックスとは，食中毒を引き起こすことで知られているボツリヌス菌から抽出される神経毒素(ボツリヌス毒素A)であり，アセチルコリンの放出を抑制することによって，一時的に筋肉の動きを麻痺させることができる薬品である(Havas et al., 2010)。眼瞼けいれん[1]，顔面けいれん，あるいは痙性斜頸[2]の治療において使用されている。最近では，眉間のタテジワや額のヨコジワを消すという美容目的でも使用されて

---

　[1]　目の周りの筋肉がけいれんし，目があけにくく，まばたきがうまくできなくなる症状。
　[2]　首が左右上下のいずれかに傾く，捻じれる，震えるといった症状。

いる。その際，ボトックスは眉間周囲に注入される。もちろんこれは薬物を皮下注射するという侵襲的方法であるので，医師免許を持たない心理学者は利用できない。

デービスら(Davis et al., 2010)は，美容目的でボトックス治療を受ける中年女性たちに対してその治療前後に感情を喚起する映画クリップを見せ，それらクリップに対する感情反応の程度について報告させた。その結果，ボトックス治療を受けた女性の場合，映画クリップに対する感情反応は全般的に低下することを見出した。ポジティブ強度あるいはネガティブ強度が非常に高い映画クリップに対する感情反応のレベルはボトックス治療前とさほど異ならなかったが，ポジティブ強度の弱い映画クリップに対する感情反応は顕著に低下した。つまり，ボトックス治療による顔面麻痺が感情レベルを低下させたのである。

ハバッシュら(Havas et al., 2010)も，美容を目的としたボトックス治療を受ける患者に，その治療前後において感情価を伴う文章を読ませた。その結果，怒りと悲しみの文章を読むのに要した時間は，ボトックス治療後の方が治療前よりも有意に長くなった。一方，幸福な文を読む時間については治療前後で有意差はなかった。ハバッシュらは，ボトックスによって，怒りや悲しみを表すのに必要な眉間周囲の表情筋活動が抑制されたために，それらの感情価をもった文章理解に時間を要したと結論づけた。

これら2つの研究は，これまで紹介してきた研究同様に，表情が感情をともなう認知プロセスに重要な役割を担っているという主張を支持している。

6-3 表情と認知・感情との関係

━━━━━━ コラム 6・3 ━━━━━━

硬い椅子に座ると対面する相手を堅い人と勘違いする？

　身体化された認知・感情理論(p.143 参照)とは，要するに，認知過程や感情は身体的な活動とは不可分であるということである。ここでは本文中で触れることのできなかったアッカーマンら(2010)による有名な研究を見てみよう。彼らは，いわゆる皮膚感覚が対人認知や社会的判断に及ぼす影響を 6 つの実験によって検討している。

　第 1 実験では，54 名の実験参加者に求職者の履歴書を見せ，その人物の評価をおこなってもらった。その際，履歴書を挟むクリップボードが 2 種類用意され，一方は 340.2 g，他方は 2041.2 g であった。求職者に対する評価は重いクリップボードで履歴書を評価した人たちの方が概して高く，特に求職者の真剣さが高く評価された。第 2 実験では，同様に異なる重さのクリップボードを使用し(ただし第 1 実験とは異なる重さ)，43 名の実験参加者にいくつかの公共政策を呈示して，政府がどれだけの公的資金を投じるべきかを判断してもらった。実験参加者が男性の場合，重いクリップボードの方が重要な政策に対する資金投入額が有意に高くなっていた。これらふたつの実験は，"重"大な事案に対する評価が実際の "重" 量感に影響されることを示している。

　第 3 実験では，64 名の実験参加者に二人の人物の交流場面を描いたシナリオを読んでもらい，この二人の関係性について評価してもらった。第 4 実験では，42 名の実験参加者に最後通牒ゲーム[*1]をおこなってもらった。これら両実験では，それぞれの回答を得る前に 5 片からなる簡単なパズルを解いてもらった。一方のパズルは滑らかな表面のパズル片からなり，他方はサンドペーパーで表面を覆ったざらざらしたパズル片であった。表面の "粗" いパズル片に触れた実験参加者は，二人の関係性をより "粗" 悪であると評価し(実験3)，また最後通牒ゲームにおいて相手に対してより多くの配分額を提案した(実験4)。後者については著者らは，"粗" いパズル片に振れたことで最後通牒ゲームにおける人間関係をより "粗" 悪であると認知し，提案が拒否されないように初めから多めの額を提案したと解釈している。

　第 5 実験では，49 名の実験参加者に毛布あるいは積み木を触らせ

ながら，上司と部下の二人の人物の交流場面を描いたシナリオを読んでもらい，最終的に部下の性格を評定してもらった。"硬"い積み木を触った実験参加者は，部下の性格をより"固"いと評価した。

　第6実験では，86名の実験参加者を，硬くて安定感のある木製の椅子あるいはクッション性の高い柔らかい椅子座らせて，第5実験同様の性格評定をおこなってもらった。その結果，硬い椅子に座った実験参加者は，部下の性格をより安定的で非感情的であると評価した。次にこの実験参加者たちは，値段交渉課題を行った。この課題では，$16,500の新車を購入すると想定して，ディーラーに対して希望購入金額を提案するというものであった。第1回目の交渉が決裂した場合に備え，2回目の希望購入金額も提出してもらった。その結果，硬い椅子に座った人と柔らかい椅子に座った人とでは，最初に提案した希望購入金額に差はなかった。しかしながら，1回目と2回目の希望購入金額の差が，硬い椅子に座った人の方がより小さかった。著者らは，硬い椅子に座ることによって厳正・厳格，安定感が知覚され，その結果，1回目と2回目の希望購入金額の差が小さくなったと考察している。

　なおヘフナー(2013)は，以上の実験を部分的に追試し，内受容感覚*2)の優れた人ほど身体化された認知・感情が生起しやすいことを明らかにしている。

　いずれにしても，アッカーマンら(2010)の上記実験に代表されるように，身体化された感情・認知の研究は，それらすべてが非常に微妙な感覚を独立変数としたものである。心理学研究の再現性は40%未満であるという調査報告もある(Open Science Collaboration, 2015)。今後この分野をさらに推し進めていくには，慎重な追試実験も必要となろう。

---

　*1)　**最後通牒ゲーム**：ある一定の報酬金額を二人でどのように配分するかという心理実験であり，一方の人物(A)には配分額の提案権のみを，もう一方の人物(B)には拒否権のみを与える。Aは配分額を決定できるが，Bが拒否した場合には二人とも報酬はもらえない。
　*2)　**内受容感覚**：心臓の鼓動や胃腸の状態といった自己の身体内部の生理状態についての感覚のこと。

6-4
障害と身体化された認知・感情

(1) 脊髄損傷

刺激に対する身体反応を知覚することによって感情が生じるというジェームズの理論を検証するための有力な方法は，脳が身体反応からの入力を受け取ることができない場合にいったい何が生じるのかということを検討することである。もしもジェームズが正しいとすれば，身体からの情報のフィードバックが減衰すれば，感情も弱まるということが予測される。

では一体，身体情報のフィードバックが減衰している状態をどこに見出せばよいだろう。その候補のひとつが，不幸にして脊髄損傷を負った人たちの感情についての研究である。脊髄が損傷されると，その障害部位より下へは脳からの指令が伝わらなくなり，また下からの信号も脳へ伝わらなくなる。前者は運動麻痺を，後者は感覚麻痺を生じさせる。

ホーンマンら(Hohmann et al., 1966)は，脊髄を損傷した25名の成人男性に対するインタビューを実施した。自身も麻痺患者であるホーンマン自身が，性生活に関連する感情，恐怖，怒り，嘆き，感傷等の感じ方について，損傷前後の変化を聞き取った。

その結果，ほとんどの男性が，傷害後に性感が減少したと報告した。特に頸椎付近に傷害を負った患者の性感減衰は大きかった。29歳の独身男性は傷害前の性的営みにおいて感じられた感覚を「身体全体を突き抜ける熱くて緊張した感覚」と述べたが，傷を受けて以降は「何も感じない」と述べている。また恐怖感覚の減少を報告した事例もあった。この患者は，釣りをしている最中に急に嵐に襲わ

れて，丸太が乗っていたボートを突き抜け，脊髄を損傷してしまった。ボートが沈んで行くことは心配だったが，パニック感はなかったそうである。これらの報告は，脊髄損傷に起因する身体感覚フィードバックの減衰が感情の鈍麻を引き起こしている可能性を示唆している。

しかしながらその後の研究でこのような知見は否定された。バーモンドら（Bermond et al., 1991）は，脊髄損傷患者37名に，恐怖，怒り，悲嘆，感傷，喜びといった感情経験について，傷害後の強度の増減を質問した。37名の患者全体においても，あるいは首の付近に障害を負った感覚喪失の程度が最も大きい14名の患者に絞った場合でも，評価された感情強度が傷害後に減少するという傾向は認められなかった。逆に，傷害後に感情強度が強くなったと報告した患者も数名存在した。コボスら（Cobos et al., 2002）は，19名の脊髄損傷患者と，年齢・性別・学歴でマッチングさせた19名の非損傷者を比較した。この研究においても脊髄損傷患者における感情経験の減衰は見いだせず，さらに感情を喚起するような写真同定課題においても，脊髄損傷者と非損傷者の能力に差がなかった。

脊髄損傷による感覚鈍麻によって感情の減衰が生じるかどうかについて，現時点では相反する結果が得られており，結論を下すことは難しい。少なくとも，バーモンドら（Bermond et al., 1991）やコボスら（Cobos et al., 2002）による結果はジェームズの感情理論に対しては不利に働いているようである。

6-4 障害と身体化された認知・感情

163

===== コラム 6・4 =====

ハブ・サイエンスとしての感情科学

　ボヤックら（Boyack, Klavans, & Borner, 2005）は，2000 年に出版された 7,121 の自然科学および社会科学領域の学術雑誌に掲載された 100 万件を超える論文を対象に，それらの論文で引用された文献がどのような研究領域に属するものかを調べた。これは科学のさまざまな領域間の関連性，すなわち科学の諸領域が相互にどのように影響し合っているかを検討するためのものである。さらにボヤックらは新しい視覚化技術を用いて，各領域間の関連性を 2 次元の空間マップに描いた。その結果，科学全体の中継基地的な役割を果たす領域は数学，物理学，化学，地球科学，医学，心理学，社会科学の 7 つであることが示された（図 6・5 参照）。

　ボヤックらはこの 7 領域をハブ・サイエンスと呼んだ。心理学はハブ・サイエンスの 1 つとして，科学全体の中継基地的な役割を果たしていることがわかる。図をみると，統計は数学と社会科学の間にあることがわかる。ここで興味深いことは，公衆衛生，神経科学，神経学，放射線学，心臓病学，遺伝学は，心理学と医学の間にあり，教育学と老年学は心理学と社会科学の間にあるということであろう。

　ハブ空港と呼ばれる空港がある。日本では羽田空港がそれに相当する。地方の小さな空港からの路線の多くは羽田空港とつながってる。地方都市 A から地方都市 B へ向かおうとすると，まずは羽田空港へ向かいそこで乗り継ぐことになる。そのために羽田空港は東京に用事のある人だけでなく，乗り継ぎのために一時滞在する人も集まり，にぎわうことになる。ハブ・サイエンスはハブ空港同様に，さまざまな領域の人たちでにぎわう場所であると考えるとわかりやすいだろう。

　さて感情は心理学の中でも実にさまざまな領域で研究がおこなわれている。さらに心理学の枠を超え，哲学，文学，歴史学，宗教学，神経科学，工学，医学と数多くの領域でもひんぱんに取りあげられている。このように見ていくと，感情研究は研究テーマとしてのハブ・サイエンスの位置を占めつつあるのかもしれない。

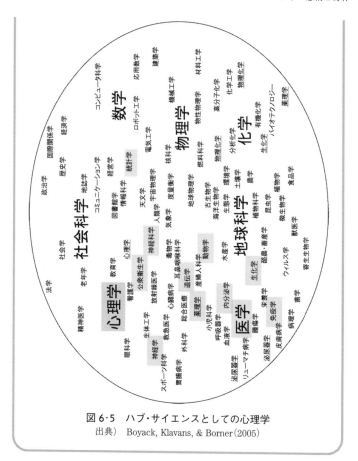

図 6・5　ハブ・サイエンスとしての心理学
出典）Boyack, Klavans, & Borner（2005）

(2) 自閉症スペクトラム障害（ASD）

アメリカ精神医学会による精神疾患の診断・統計マニュアル（DSM-5; 2013）によると，**自閉症スペクトラム障害**（Autism Spectrum Disorder: ASD）は，社会機能とコミュニケーションの障害を伴い，限定的かつ繰り返される型にはまった行動・興味・活動によって特徴づけられる。さらに，ASD の診断基準には，感情処理の障害も含まれている。実際に複数の研究において，他者感情の認知に際して ASD の人たちは障害を示すことが示されている（Uljarevic & Hamilton, 2013）。

実際に，自閉傾向のある女性（Hermans et al., 2009）や ASD 患者（Beall et al., 2008; McIntosh et al., 2006）を用いた研究では，他者の喜びや怒りの表情に対する模倣率が低くなる。健常者は一般的に，他者がその感情をあらわにしている時にはその表情も模倣する傾向があるが，これらのケースの場合にはそのような模倣が見られなかったのである。

しかしながら，他者の表情を意識的に模倣するように教示された場合は，ASD 患者も健常者群と同レベルの筋電図（EMG）活動を示した（Hermans et al., 2009; McIntosh et al., 2006）。さらに，喜びの表情の際には大頬骨筋の活動電位が，恐怖の表情の際には皺眉筋の活動電位が一般的には高くなるのであるが，ASD 患者と健常者群とでは全く同じ大きさとタイミングによる EMG 活動が記録された。これらの結果は，ASD 患者においても表情模倣の神経科学的基盤（身体化の感情ループ）は維持されていることを示している。

表情模倣の神経科学的基盤が維持されているにもかかわらず，上述したように DSM-5 では ASD における感情処理の障害を指摘している。その原因の一つとして，ASD 患者は他者との社会的交流

―――――― コラム 6・5 ――――――

エクマンの微表情訓練ツール

「あいつ，KY だから困っちゃうよ」といった会話が聞かれるよう
になって久しい。KY とはその場の空気(K)が読めない(Y)ために，他
者の思惑とは異なることを言ったりやったりすること，あるいはその
ようなことをおこなう人物を意味している。では一体，「その場の空
気」とはどのように定義されるのであろう。おそらく，その場に参加
している人たちの身振りや姿勢，声の大きさ，高さ，テンポといった
話し方全般，さらには微妙な表情の変化等，コミュニケーションにお
けるあらゆる要素がその場の空気を作ることになるのだろう。

ところで，ASD の診断基準のひとつは社会的コミュニケーション
の障害であり，その原因として，他者表情の模倣が不得意であるため
に共感性が発達しにくいのではないかということを本文で述べた(p.
165)。ASD はその自閉症「スペクトラム」障害という名称に表され
ているように，その症状はあくまでも連続体(スペクトラム)であり，
診断上の明確なカットオフポイントは存在しない。したがって，例え
ASD と診断されるまではいかなくても，自らの社会的コミュニケー
ション能力の不足に悩む人が多くいても別段不思議ではない。さらに
そのような人たちは，ひょっとしたら他者表情の観察が不得意である
がゆえに，その模倣もうまくできないのかもしれない。その結果，共
感性に乏しく，他者から KY と呼ばれる存在になるのだろう。

いったい私たちは，他者の表情からその人の感情をどの程度読み取
ることができるのだろう。その能力を測定し，さらには訓練によって
その能力を高めようと開発されたのが本文にも登場したエクマンの微
表情訓練ツールである。このツールでは，さまざまな表情を呈示して，
そこに隠された感情を推測するという手順が繰り返される。感情・表
情心理学者のポール・エクマンがカリフォルニア大学を退職したのち
に設立した PaulEkmanGroup® (https://www.paulekman.com/)によっ
て有料で提供されている。また，micro expression test 等の用語でイ
ンターネットを検索すれば無料のテストに出会うことも可能であろう。

6-4 障害と身体化された認知・感情 **167**

が苦手であることが考えられる。模倣は，模倣の対象となる人に対する親密さや好みの感情を生起させ，他者との共感的結びつきを強化する役割をもつ（Chartrand & Bargh, 1999）。ASD 患者に対して多くの社会的交流の機会を与え，意識的に他者の表情の模倣訓練をおこなうことによって，本来の感情処理の能力を活性化させることが可能となるのではないだろうか。

（3）統合失調症

DSM–5 によれば，統合失調症は，①妄想，②幻覚，③脈絡のない会話，④一貫しない行動，⑤陰性症状をその特徴とする。すなわち感情の平板化や思考の貧困化，興味・意欲の消失といった特徴を持つパーソナリティ障害である。さらに，統合失調症の患者は，⑥社交（人間関係）上の問題を呈する（Shamay–Tsoory et al., 2007）。これら諸特徴の原因のひとつとして，他者表情の解読の困難性が挙げられている（Edwards, Jackson, & Pattison, 2002）。

セスティートら（Sestito et al., 2013）は，統合失調症患者と健常者を対象に，視覚的及び聴覚的な感情喚起刺激が EMG 活動に及ぼす効果を検討した。この実験では，実験参加者の表情筋の EMG 活動を記録しながら，喜び，悲しみあるいは中性的な感情を示す他者の表情写真を刺激として呈示した。実験参加者の課題は，他者の表情に現れている感情のつよさを評価することであった。

その結果，喜びの表情刺激に対する頬骨筋活動において，統合失調症患者と健常者との間に相違が見られた。統合失調症患者の頬骨筋の活動は表情刺激の呈示から 1 秒以上遅延する，あるいは喜びの表情とは関連しない表情筋活動が賦活されるというものであった。さらに，EMG の小さい統合失調症患者は，各表情についての感情

強度の評価が低かった。

統合失調症患者では，扁桃体や体性感覚皮質といった感情喚起にかかわる情報処理や模倣に関連した脳領域での活動が低減し，あるいはそれら領域での異常活動が生じることが知られている（Sugranyes et al., 2011）。さらに，腹内側前頭前野の灰白質容量が低減しており，その低減量と彼らの社会的な困難性との間に正の相関も見出されている（Hooker et al., 2011）。

これらの研究結果は，統合失調症患者では身体化された感情の生理的表象が低減していることを示しており，特にそれは喜びについて著しいと結論できよう。そのために他者の表情の解釈が困難となり，最終的には社会的・対人的問題が生じると考えられる。しかもASDとは異なり，身体化の感情ループが維持されているかどうかも不明である。

今後は統合失調症患者に意図的に他者表情を模倣させることによって，身体化の感情ループが維持されているか否かを検討していく必要がある。もしもそれが維持されているのであれば，ASD同様に，他者表情の模倣訓練によって彼らの対人関係が改善されることになるかもしれない。なお，マツモトとファン（Matsumoto & Hwang, 2011）は，統合失調症患者に対してエクマンの微表情訓練ツール（Micro Expression Training Tool; METT）による訓練を実施した結果，彼らの感情検出成績が改善し，コミュニケーション能力も向上したと報告している。この領域におけるさらなる研究が望まれる。

6-4 障害と身体化された認知・感情 **169**

◀ま と め▶

☐「外的刺激に対する身体反応を知覚した結果が感情である」という
ジェームズの感情理論の延長線上にある「身体化された感情」理論
を支持する一連の研究を紹介した。さらに ASD や統合失調症に見
られる他者の感情理解の困難性についても，その原因および改善策
について言及した。

☐身体化された感情を簡潔に説明すれば以下のようになろう。なんら
かの外的刺激が身体反応を介して感情を喚起し，それらはいったん
脳に記憶される。その時に記憶された外的刺激あるいは記憶された
身体反応と同様な身体反応が生じた場合は，記憶された時と同様の
感情が喚起されると言うものである。したがってこの理論では，ジ
ェームズの考え方，すなわち感情刺激→身体反応→感情の主観的体
験という順序性は崩れない。

☐本章で取り上げた研究は，脊髄損傷の一部の研究を除き，そのほと
んどが「身体化された感情」理論を支持するものである。また「身
体化された感情」理論は，近年の測定技術の進歩と相まって多数の
研究を生み出してきた。今後はこの理論のさらなる検証に加え，応
用的観点からの研究が期待される。

◀より進んだ学習のための読書案内▶

アントニオ・R・ダマシオ／田中三彦(訳) (2010).『デカルトの誤り―
情動，理性，人間の脳』ちくま学芸文庫
　☞いわゆる合理的な意思決定における感情の役割について，ソマティ
　ック・マーカー仮説に言及しながら概説している。

ジョセフ・ルドー／松本　元(他訳) (2003).『エモーショナル・ブレ
イン―情動の脳科学』東京大学出版会
　☞感情が生起する際の脳内メカニズムについて，進化心理学的観点を
　織り交ぜながらやさしく解説している。

ジェシー・プリンツ／源河　亨(2016).『はらわたが煮えくりかえる―
情動の身体知覚説』勁草書房
　☞悲しいから泣くのではない，泣くから悲しいのだ」というジェーム
　ズの主張を，心理学をはじめとする多分野の知見を取り入れながら擁
　護している。

引 用 文 献

[1 章引用文献]

Fredrickson, B. L. (2013). Positive emotions broaden and build. In P. Devine, & A. Plant (eds.), *Advances in Experimental Social Psychology, Vol. 47*, Burlington: Academic Press, 1–53.

Harari, Y. N. (2014). *Sapiens: A brief history of humankind*. London: Harvill Secker. (柴田裕之 (訳) (2016). サピエンス全史：文明の構造と人類の幸福 (上下)　河出書房新社)

Hong, Y., Morris, M. W., Chiu, C., & Benet-Martínez, V. (2000). Multicultural minds: dynamic constructivist approach to culture and cognition. *American Psychologist, 55* (7), 709–720.

Kawasaki, H., Kaufman, O., Damasio, H., Damasio, A. R., Granner, M., Bakken, H., Hori, T., Howard, M. A., III, & Adolphs, R. (2001). Single-neuron responses to emotional visual stimuli recorded in human ventral prefrontal cortex. *Nature Neuroscience*, *4*, 15–16.

Russell, J. A. (2003). Core affect and the psychological construction of emotion. *Psychological Review, 110*, 145–172.

Schupp, H. T., Ohman, A., Junghoöfer, M., Weike, A. I., Stockburger, J., & Hamm, A. O. (2004). The facilitated processing of threatening faces: An ERP analysis. *Emotion, 4*, 189–200.

Shiota, M. N., & Kalat, J. W. (2012). *Emotion.* 2 nd ed. Belmont, CA: Wadsworth Pub Co.

[2 章の引用文献]

Arnold, M. B. (1960). *Emotion and personality*. New York: Columbia University Press.

Arnold, M. B. (1970). *Feelings and emotions*. New York: Academic Press.

Buck, R. (1984). *The communication of emotion.* New York: Guilford Press.

Buck, R. (1999). The biological affects: A typology. *Psychological Review*, *106*, 301–336.

Buck, R. (2005). An emergent dynamic systems view of higher-level primary social emotions: Evidence from America and Japan. Presentation at the International Symposium New Perspectives in Affective Science, Kyoto University Japan, January, 2005

Buck, R. (2014). *Emotion: A Biosocial Synthesis*. Cambridge: Cambridge University Press.

Cannon, W. B. (1927). The James-Lange theory of emotions: A critical examination and an alternative theory. *American Journal of Psychology*, *39*, 106–124.

Cannon, W. B. (1931). Again the James-Lange and the thalamic theories of emotions. *Psychological Review*, *38*, 281–295.

Damasio, A. (1994). *Descartes' Error: Emotion, Reason, and the Human Brain*,

Putnam.

Darwin, C. (1872/1965). *The expression of emotions in man and animals*. Chicago: University of Chicago Press.

Dutton, D. G., & Aron, A. P. (1974). Some evidence for heightened sexual attraction under conditions of high anxiety. *Journal of Personality and Social Psychology, 30,* 510–517

Ekman, P. (1992). An Argument for Basic Emotions. *Cognition and Emotion, 6* (3/4), 169–200.

濱治世・鈴木直人・濱保久 (2001). 感情心理学への招待　感情・情緒へのアプローチ　サイエンス社

James, W. (1884). What is emotions? *Mind, 4,* 188–204.

James, W. (1890). *The principle of psychology*. Henry, Holt.

Kahneman, D. (2011). *Thinking, Fast and Slow*. Macmillan.

Keltner, D., Oatley, K., & Jenkins, J . M. (2013). *Understanding emotions*. Wiley.

Lazarus, R. S. (1966). *Psychological stress and the coping process*. New York: McGraw–Hill.

Lazarus, R. S. (1991). *Emotion and adaptation*. New York: Oxford University Press.

Lazarus, R. S. (1984). On the primacy of cognition. *American Psychologist, 39,* 124–129.

LeDoux, J. E. (1996). *The emotional brain: the mysterious underpinnings of emotional life*. New York: Simon and Schuster.

MacLean, P. D. (1969). The hypothalamus and emotional behavior. In W. Haymaker, E. Anderson, & W. J. H. Nauta (Eds.), *The hypothalamus*. Springfield, IL: Charles C Thomas. pp. 659–678.

MacLean, P. D. (1970). The limbic brain in relation to the psychoses. In P. H. Black & M. B. Arnold (Eds.), *Physiological correlates of emotion*. New York: Academic Press. pp. 129–146.

Maclean, P. D. (1973). *A triune concept of the brain and behavior*. Toronto: University of Toronto Press.

MacLean, P. D. (1990). *The triune brain in evolution: role in paleocerebral functions*. New York: Plenum Press.

中村真 (2006). 発達相互作用論と高次の社会的感情について：理論的検討と質問紙調査による検証　宇都宮大学国際学部研究論集 *22,* 129–146.

Panksepp, J. (1998). *Affective neuroscience: The foundations of human and animal emotions*. New York:Oxford University Press.

Papez, J. W. (1937). A proposed mechanism of emotion. *Archives of Neurology and Psychiatry, 38,* 725–743.

Schachter, S., & Singer, J. (1962). Cognitive, Social, and Physiological Determinants of Emotional State. *Psychological Review, 69,* 379–399.

Scherer, K. R. (1984). On the nature and function of emotion: a component process approach. In K. R. Scherer, & P. Ekman (Ed.), *Approaches to emotion*. Hillsdale, NJ: Erlbaum. pp. 293–317.

Scherer, K. R. (1997). The role of culture in emotion–antecedent appraisal. *Journal*

引 用 文 献　　　　　　　　　　　　　　　　　　　　　　**173**

of Personality and Social Psychology, *73(5)*, 902–922.

Scherer, K. R., & Ellgring, H.（2007）. Are facial expressions of emotion produced by categorical affect programs or dynamically driven by appraisal? *Emotion*, *7*, 113 –30.

Scherer, K. R., Mortillaro, M., & Mehu, M.（2013）. Understanding the mechanisms underlying the production of facial expression of emotion: A componetial perspective. *Emotion Review*, *5*, 47–53.

Smith, C. A., & Ellsworth, P. C.（1985）. Patterns of cognitive appraisal in emotion. *Journal of Personality and Social Psychology*, *48*, 813–838.

戸田正直（1992）. 感情—人を動かしている適応プログラム　認知科学選書 24　東京大学出版会

Zajonc, R. B.（1980）. Feeling and thinking: Preferences need no inferences. *American Psychologist*, *35*（2）, 151–175.

Zajonc, R. B., Murphy, S. T., & Inglehart, M.（1989）. Feeling and facial efference: Implications of the vascular theory of emotion. *Psychological Review*, *96*, 395–416.

［3 章の引用文献］

Barrett, L. F.（2006）. Emotions as natural kinds? *Perspectives on Psychological Science*, *1*, 28–58.

Barrett, L. F., & Russell, J. A.（Eds.）（2015）. *The Psychological Construction of Emotion*. New York: Guilford Press.

Darwin, C.（1872/1965）. *The expression of emotions in man and animals*. Chicago: University of Chicago Press.

Ekman, P.（1992）. An Argument for Basic Emotions. *Cognition and Emotion*, *6*, 169–200.

Ekman, P.（2017）. Facial expressions. In J. Fernandez–Dols & J. A. Russell（Eds.）, *The Science of Facial Expression*. New York: Oxford University Press.

Ekman, P., & Friesen, W. V.（1975）. *Unmasking the face*. Englewood. NJ: Prentice Hall.

Ekman, P., & Friesen, W. V.（1978）. *The facial action coding system: A technique for the measurement of facial action*. Palo Alto, CA: Consulting Psychologist Press.

Fernandez–Dols, J., & Russell, J. A.（Eds.）（2017）. *The science of facial expression*. New York: Oxford University Press.

Fridlund, A.（1994）. *Human facial expression: An evolutionary view*. London: Academic Press.

Izard, C. E.（1971）. *The face of emotion*. New York: Appleton–Century–Crofts.

Izard, C. E.（1994）. Innate and universal facial expressions: evidence from developmental and cross–cultural research. *Psychological Bulletin, 115*, 288–99.

Keltner, D., & Cordaro, D. T.（2017）. Understanding multimodal emotional expressions: Recent advances in basic emotion theory. In J. Fernandez–Dols & J. A. Russell（Eds.）*The science of facial expression*. New York: Oxford University Press.

Keltner, D., Oatley, K., & Jenkins, J. M.（2014）. *Understanding emotions.* 3rd. ed. Wiley.

Matsumoto, D., Keltner, D., Shiota, M. N., O'Sullivan, M., & Frank, M.（2010）. Facial expression of emotion. In M. Lewis, J. M. Haviland–Jones, & L. F. Barrett（Eds.）, *Handbook of emotions.* 3 rd ed. New York: The Guilford Press. pp.211–234.

村澤博人・馬場悠男・橋本周司・原島博・大坊郁夫（編）（1999）. 大「顔」展図録 読売新聞社

Russell, A. J.（1994）. Is there universal recognition of emotion from facial expressions? A review of the cross–cultural studies. *Psychological Bulletin, 115,* 102–141.

Russell, J. A., & Barrett, L. F.（1999）. Core affect, prototypical emotional episodes, and other things called emotion: Dissecting the elephant. *Journal of Personality and Social Psychology, 76,* 805–819.

Russell, J. A.（2003）. Core affect and the psychological construction of emotion. *Psychological Review, 110（1）,* 145–172.

Russell, A. J.（2014）. Four perspectives on the psychology of emotion: An introduction. *Emotion Review, 6,* 291.

Russell, J. A.（2017）. Toward a broader perspective on facial expressions: moving on from basic emotion theory. In J. Fernandez–Dols, & J. A. Russell（Eds.）*The science of facial expression.* New York: Oxford University Press.

Russell, J. A., & Fernadez–Dols, J.（1997）. *The psychology of facial expression.* Cambridge: Cambridge University Press.

Scarantino, A.（2011）. Don't give up on basic emotions. *Emotion Review, 3,* 444–454.

Scarantino, A.（2015）. Basic Emotions, Psychological Construction, and the Problem of Variability. In L. F. Barrett & J. A. Russell（Eds.）*The Psychological Construction of Emotion.* New York: Guilford Press.

Scherer, K. R.（2001）. Appraisal considered as a process of multilevel sequential checking. In K. R. Scherer, A. Schorr, & T. Johnstone（Eds.）*Appraisal processes in emotion: Theory, methods, research.* New York: Oxford University Press.

Scherer, K. R., & Ellgring, H.（2007）. Are facial expressions of emotion produced by categorical affect programs or dynamically driven by appraisal? *Emotin, 7,* 113–130.

Scherer, K. R., Schorr, A., & Johnstone, T.（Eds.）（2001）. *Appraisal processes in emotion: Theory, methods, research.* New York: Oxford University Press.

Schlosberg, H.（1952）. The description of facial expression in terms of two dimensions. *Journal of Experimental Psychology, 44,* 229–237.

Tomkins, S. S.（1962）. Affect, imagery, consciousness: Vol. 1. The positive affects. New York: Springer.

[4 章の引用文献]

Ackemann, R., & DeRubeis, R. J.（1991）. Is depresive realism real? *Clinical Psychol-*

引用文献　　　　　　　　　　　　　　　　　　　　　　　　**175**

ogy Review, 11, 565–584.

Baumann, J., & DeSteno, D. (2010). Emotion guided threat detection: Expecting guns where there are none. *Journal of Personality and Social Psychology, 99*, 595–610.

Bless, H., Bohner, G., Schwarz, N., & Strack, F. (1990). Mood and persasion: A cognitive response analysis. *Personality and Social Psychology Bulletin, 16*, 331–345,

Bradley, M., Greenwald, M. K., Petry, M. C., & Lang, P. L. (1992). Remembering Pictures: Pleasure and Arousal in Memory. *Journal of Experimental Psychology: Learning, Memory, and Cognition, 18*, 379–390.

Foa, E. B., Feske, U., Murdock, T. B., Kozak, M. J., & McCarthy, P. R. (1991). Processing of threat–related information in rape victims. *Journal of Abnormal Psychology, 100*(2), 156–162.

Fredrickson, B. L., & Branigan, C. (2005). Positive emotions broaden the scope of attention and thought-action repertoires. *Cognition and Emotion, 19*, 313–332.

Haidt, J. (2003). The moral emotions. In R. J. Davidson, K. R. Scherer, & H. H. Goldsmith (Eds.)*Handbook of affective sciences.* Oxford: Oxford University Press. pp. 852–870.

Imada, H. (1989). Cross–language comparisons of emotional terms with special reference to the concept of anxiety. *Japanese Psychological Research, 31*, 10–19.

今田純雄　(2017).　食行動研究の基礎　今田純雄・和田有史(編)食行動の科学——「食べる」を読み解く　朝倉書店　pp.2-19.

Kehner, D., Locke, K. D., & Aurain, P. C. (1993). *The Influence of Attributions on the Relevance of Negative Feelings to Personal Satisfaction. Personality and Social Psychology Bulletin, 19*, 21–29.

Lerner, J. S., Gonzalez, R.M., Small, D. A., & Fischhoff, B. (2003). Effects of fear and anger on perceived risks of terrorism; A national field experiment. *Psychological Science, 14*, 144–150.

Nachson, I., & Zelig, A. (2003). Flashbulb and factual memories: the case of Rabin's assassination. *Applied Cognitive Psychology, 17*, 519–531.

Niedenthal, P. M., & Setterlund, M. B. (1994). Emotion Congruence in Perception. *Personality and Social Psychology Bulletin, 20*, 401–411.

Park, J., & Banaji, M. R. (2000). Mood and heuristics: The influence of happy and sad states on sensitivity and bias in stereotyping. *Journal of Personality and Social Psychology, 78*, 1005–1023.

Schmidt, S. R. (2002). Outstanding memories: The positive and negative effects of nudes on memory. *Journal of Experimental Psychology: Learning Memory and Cognition, 28*, 353–361.

Stroop, J. R. (1935). Studies of interference in serial verbal reactions. *Journal of Experimental Psychology, 18*, 643–662.

Talarico, J. M., & Rubin, D. C. (2007). Flashbulb memories are special after all; in phenomenology, not accuracy. *Applied Cognitive Psychology, 21*, 557–578.

Yuille, J. C., & Cutshall, J. L. (1986). A case study of eyewitness memory of a crime.

Journal of Applied Psychology, 71, 291–301.

Waganaar, W. A. (1986). My Memory: A Study of Autobiographical Memory over Six Years. *Cognitive Psychology, 18*, 225–252.

[5章引用文献]

Bar-Tal, D. (Ed.) (2011). *Intergroup conflicts and their resolution*. New York: Psychology Press. (熊谷智博・大渕憲一(監訳) (2012). 紛争と平和構築の社会心理学―集団間の葛藤とその解決　北大路書房)

Barrett, L. F., & Russell, J. A. (2015). *The psychological construction of emotion*. New York: Guilford Press.

Ekman, P., Friesen, W. V., & Ellsworth, P. (1982). What are the relative contributions of facial behavior and contextual information to the judgment of emotion. In P. Ekman (Ed.)*Emotion in the human face.* 2 nd ed. Cambridge: Cambridge University Press.

Goto, S.G., Ando, Y., Huang, C., Yee, A., & Lewis, R.S. (2010). Cultural differences in the visual processing of meaning: detecting incongruities between background and foreground objects using the N 400 *Social Cognitive and Affective Neuroscience. 5* (2–3), 242–253. doi: 10.1093/scan/nsp 038.

Hall, E. T. (1976). *Beyond Culture*. New York: Doubleday. (岩田慶治・谷泰(訳) (1979). 文化を超えて　TBSブリタニカ)

Izard, C. E. (2010). The many meanings/aspects of emotion: Definitions, functions, activation, and regulation. *Emotion Review, 2*, 363–370.

Keltner, D., Oatley, K., & Jenkins, J. M. (2014). *Understanding emotions,* 3rd ed. Wiley.

Masuda, T., Ellsworth, P. C., Mesquita, B., Leu, J., Tanida, S., & van de Veerdonk, E. (2008). Placing the face in context: Cultural differences in the perception of facial emotion. *Journal of Personality and Social Psychology, 94*, 365–381.

Mesquita, B. (2010). Emoting: A Contextualized Process. In. B. Mesquita, L. F. Barrett, & E. Smith (Eds.) *The Mind in Context*. New York: Guilford Press.

Mesquita, B., Barrett, L. F., & Smith, E. (Eds.) (2010). *The Mind in Context*. New York: Guilford Press.

中村真 (1993). 文脈の中の表情　吉川左紀子・益谷真・中村真(編)　顔と心―顔の心理学入門　サイエンス社　pp.248–271.

中村真 (2013). 共感と向社会的行動―集団間紛争の問題を通して考える　梅田聡(編)　岩波講座　コミュニケーションの認知科学2　共感　岩波書店　pp.139–165.

中村真 (2015).「現場」と「エンジニアリング」志向, あるいは文脈化―感情研究の可能性―　日本感情心理学会シンポジウム (2016,6,18　筑波大学)　子どものコミュニケーションと感情育成―感情研究のさらなる応用に向けて―　(指定討論)

中村真・清水奈名子・米山正文 (2016).「排斥的行動」に対応するための異分野融合研究の可能性―共感の反社会性を踏まえた教育モデル構築に向けた試論―　宇都宮大学国際学部研究論集　第43号, 63–82.

引 用 文 献　　　　　　　　　　　　　　　　　　　　　　　　　　　　　**177**

清水奈名子　(2015)．武力紛争研究における感情の位置づけ　学際的研究のための
　　試論　エモーション・スタディーズ，*1*, 50–55.
渡辺弥生　(2015)．健全な学校風土をめざすユニヴァーサルな学校予防教育―免疫
　　力を高めるソーシャル・スキル・トレーニングとソーシャル・エモーショナ
　　ル・ラーニング―　教育心理学年報，*54*, 126–141.

[6 章の引用文献]

Ackerman, J.M., Nocera, C., & Bargh, J.A. (2010). Incidental haptic sensations influ-
　　ence social judgments and decisions. *Science*, *328*, 1712–1715.
Adelmann, P. K., & Zajonc, R. B. (1989). Facial efference and the experience of emo-
　　tion. *Annual Review of Psychology, 40*, 249–280.
American Psychiatric Association (2013). *Diagnostic and Statistical Manual of*
　　Mental Disorders, 5 th ed. *DSM-5*. American Psychiatric Association.(高橋三郎・
　　大野裕(監訳)　(2014)．DSM-5 精神疾患の診断・統計マニュアル　医学書院)
青柳宏亮　(2013)．心理臨床場面でのノンバーバル・スキルに関する実験的検討 カ
　　ウンセリング研究, *46*, 83–90.
Barsalou, L. W. (1999). Perceptions of perceptual symbols. *Behavioral and Brain*
　　Sciences, 22, 637–660.
Barsalou, L. W. (2008). Grounded cognition. *Annual Review of Psychology, 59*, 617
　　–645.
Beall, P. M., Moody, E. J., McIntosh, D. N., Hepburn, S. L., & Reed, C. L. (2008).
　　Rapid facial reactions to emotional facial expressions in typically developing chil-
　　dren and children with autism spectrum disorder. *Journal of Experimental*
　　Child Psychology, 101, 206–223.
Bermeitinger, C., Machmer, A. M., Schramm, J., Mertens, D., Wilborn, D. L., Bonin, L.,
　　& Koch, F. (2013). Facial feedback in implicit sequence learning. *International*
　　Journal of Psychology and Psychological Therapy, 13.
Bermond, B., Nieuwenhuysedr, B., Fasotti, L., & Schuerman, J. (1991). Spinal cord
　　lesions, peripheral feedback, and intensities of emotional feelings. *Cognition*
　　and Emotion, 5, 201–220.
Boyack, K.W., Klavans, R., & Börner, K. (2005). Mapping the backbone of science.
　　Scientometrics, 64, 351–374.
Buck, R. (1980). Nonverbal behavior and the theory of emotion: The facial feedback
　　hypothesis. *Journal of Personality and Social Psychology, 38*, 811.
Cannon, W. B. (1927). The James–Lange theory of emotions: A critical examination
　　and an alternative theory. *American Journal of Psychology, 39*, 106–124.
Chartrand, T. L., & Bargh, J. A. (1999). The chameleon effect: the perception–behav-
　　ior link and social interaction. *Journal of Personality and Social Psychology,*
　　76, 893–910.
Cobos, P., Sánchez, M., García, C., Vera, M. N., & Vila, J. (2002). Revisiting the James
　　versus Cannon debate on emotion: startle and autonomic modulation in patients
　　with spinal cord injuries. *Biological Psychology, 61*, 251–269.
Damasio, A. R. (1994). *Descartes' error: Emotion, rationality and the human*

brain. New York: Putnam. (田中三彦(訳) (2010). デカルトの誤り 情動, 理性, 人間の脳 ちくま学芸文庫)

Davis, J. I., Senghas, A., Brandt, F., & Ochsner, K. N. (2010). The effects of BOTOX injections on emotional experience. *Emotion, 10*, 433–440.

Duclos, S. A., & Laird, J. D. (2001). The deliberate control of emotional experience through control of expressions. *Cognition and Emotion, 15*, 27–56.

Edwards, J., Jackson, H. J., & Pattison, P. E. (2002). Emotion recognition via facial expression and affective prosody in schizophrenia: a methodological review. *Clinical Psychology Review, 22*, 789–832.

Ekman, P., & Friesen, W. V. (1978). *Facial action coding system: A technique for the measurement of facial movement*. Palo Alto, CA: Consulting Psychologists Press. (工藤力(訳) (1987). 表情分析入門 誠信書房)

Ekman, P., Levenson, R. W., & Friesen, W. V. (1983). Autonomic nervous system activity distinguishes among emotions. *Science, 221*, 1208–1210.

Förster, J. (2004). How body feedback influences consumers' evaluation of products. *Journal of Consumer Psychology, 14*, 416–426.

Förster, J., & Strack, F. (1996). Influence of overt head movements on memory for valenced words: a case of conceptual–motor compatibility. *Journal of Personality and Social Psychology, 71*, 421.

Häfner M. (2013). When body and mind are talking: Interoception moderates embodied cognition. *Experimental Psychology, 60*, 255–259.

Havas, D. A., Glenberg, A. M., Gutowski, K. A., Lucarelli, M. J., & Davidson, R. J. (2010). Cosmetic use of botulinum toxin-A affects processing of emotional language. *Psychological Science, 21*, 895–900.

Hermans, E. J., van Wingen, G., Bos, P. A., Putman, P., & van Honk, J. (2009). Reduced spontaneous facial mimicry in women with autistic traits. *Biological Psychology, 80*, 348–353.

Hohmann, G. W. (1966). Some effects of spinal cord lesions on experienced emotional feelings. *Psychophysiology, 3*, 143–156.

Hooker, C. I., Bruce, L., Lincoln, S. H., Fisher, M., & Vinogradov, S. (2011). Theory of mind skills are related to gray matter volume in the ventromedial prefrontal cortex in schizophrenia. *Biological Psychiatry, 70*, 1169–1178.

James, W. (1884). What is an emotion? *Mind, 9*, 188–205.

Laird, J. D. (1974). Self–attribution of emotion: the effects of expressive behavior on the quality of emotional experience. *Journal of Personality and Social Psychology, 29*, 475.

Larsen, R. J., Kasimatis, M., & Frey, K. (1992). Facilitating the furrowed brow: An unobtrusive test of the facial feedback hypothesis applied to unpleasant affect. *Cognition and Emotion, 6*, 321–338.

Levenson, R. W., Ekman, P., & Friesen, W. V. (1990). Voluntary facial action generates emotion–specific autonomic nervous system activity. *Psychophysiology, 27*, 363–384.

Levenson, R. W., Ekman, P., Heider, K., & Friesen, W. V. (1992). Emotion and auto-

引用文献

nomic nervous system activity in the Minangkabau of West Sumatra. *Journal of Personality and Social Psychology, 62*, 972.

Matsumoto, D., & Hwang, H. S. (2011). Evidence for training the ability to read microexpressions of emotion. *Motivation and Emotion, 35*, 181–191.

McIntosh, D. N., Reichmann-Decker, A., Winkielman, P., & Wilbarger, J. L. (2006). When the social mirror breaks: deficits in automatic, but not voluntary, mimicry of emotional facial expressions in autism. *Developmental Science, 9*, 295–302.

Mori, K., & Mori, H. (2010). Examination of the passive facial feedback hypothesis using an implicit measure: With a furrowed brow, neutral objects with pleasant primes look less appealing. *Perceptual and Motor Skills, 111*, 785–789.

Newmann, R., & Strack, F. (2000). "Mood contagion": the automatic transfer of mood between persons. *Journal of Personality and Social Psychology, 79*, 211.

Niedenthal, P.M. (2007). Embodying emotion. *Science, 316*, 1002–1005.

Niedenthal, P. M., Winkielman, P., Mondillon, L., & Vermeulen, N. (2009). Embodiment of emotion concepts. *Journal of Personality and Social Psychology, 96*, 1120.

Oosterwijk, S., Rotteveel, M., Fischer, A. H., & Hess, U. (2009). Embodied emotion concepts: How generating words about pride and disappointment influences posture. *European Journal of Social Psychology, 39*, 457–466.

Open Science Collaboration (2015). Estimating the reproducibility of psychological science. *Science, 349,* aac 4716.

Phaf, R. H., Mohr, S. E., Rotteveel, M., & Wicherts, J. M. (2014). Approach, avoidance, and affect: a meta–analysis of approach–avoidance tendencies in manual reaction time tasks. *Frontiers in Psychology, 5*, 378.

Rogers, C. R. (1957). The necessary and sufficient conditions of therapeutic personality change. *Journal of Consulting Psychology, 21*, 95–103.

澤田瑞也 (1998). カウンセリングと共感 世界思想社

Schubert, T. W. (2004). The power in your hand: Gender differences in bodily feedback from making a fist. *Personality and Social Psychology Bulletin, 30*, 757–769.

Sestito, M., Umiltà, M. A., De Paola, G., Fortunati, R., Raballo, A., Leuci, E., & Gallese, V. (2013). Facial reactions in response to dynamic emotional stimuli in different modalities in patients suffering from schizophrenia: a behavioral and EMG study. *Frontiers in Human Neuroscience, 7*.

Shamay–Tsoory, S. G., Shur, S., Barcai–Goodman, L., Medlovich, S., Harari, H., & Levkovitz, Y. (2007). Dissociation of cognitive from affective components of theory of mind in schizophrenia. *Psychiatry Research, 149*, 11–23.

Soussignan, R. (2002). Duchenne smile, emotional experience, and autonomic reactivity: a test of the facial feedback hypothesis. *Emotion, 2*, 52.

Strack, F., Martin, L. L., & Stepper, S. (1988). Inhibiting and facilitating conditions of the human smile: a nonobtrusive test of the facial feedback hypothesis. *Journal of Personality and Social Psychology, 54*, 768.

Sugranyes, G., Kyriakopoulos, M., Corrigall, R., Taylor, E., & Frangou, S. (2011). Autism spectrum disorders and schizophrenia: meta-analysis of the neural correlates of social cognition. *PloS One, 6*, e 25322.

Tourangeau, R., & Ellsworth, P. C. (1979). The role of facial response in the experience of emotion. *Journal of Personality and Social Psychology, 37*, 1519.

Uljarevic, M., & Hamilton, A. (2013). Recognition of emotions in autism: a formal meta-analysis. *Journal of Autism and Developmental Disorders, 43*, 1517–1526.

宇津木成介 (2007). ジェームズの感情理論：教科書にあらわれるその根拠と論理 国際文化学研究：神戸大学国際文化学部紀要, *27*, 1–27.

Zajonc, R. B., Adelmann, P. K., Murphy, S. T., & Niedenthal, P. M. (1987). Convergence in the physical appearance of spouses. *Motivation and Emotion, 11*, 335–346.

索　引

人名索引

アッカーマン（Ackerman, J. M.）　159

アーノルド（Arnold, M.）　40

アロン（Aron, A.P.）　39

イザード（Izard, C.）　63, 68, 114, 116

エクマン（Ekman, P.）　61, 63, 67, 68, 79, 120, 150, 166

エルスワース（Ellsworth, P. C.）　41

オーステルヴァイク（Oosterwijk, S.）　148

カーネマン（Kehneman, D.）　43, 100

カラート（Kalat, J. W.）　17

キャノン（Cannon, W. B.）　34

グリーン（Green, J.）　134, 136

ケルトナー（Keltner, D.）　41, 98

コボス（Cobos, P.）　162

ザイアンス（Zajoc, R. B.）　36, 43, 149

ジェームズ（James, W.）　33

シェーラー（Scherer, K.）　53, 78

シオタ（Shiota, M. N.）　17

シャクター（Schachter, S.）　38

シューベルト（Schubert, T. W.）　148

シュミット（Schmidt, S. R.）　94

シュロスバーグ（Schlosberg, H.）　67

シンガー（Singer, J.）　38

スカランティーノ（Scarantino, A.）　62, 76

ストラック（Strack, F.）　145, 147, 155

ストループ（Stroop, J. R.）　88

スミス（Smith, C. A.）　41

セスティート（Sestito, M.）　167

セタールンド（Setterlund, M. B）　86

ダーウィン（Darwin, C.）　63

ダットン（Dutton, D.G.）　39

ダマシオ（Damasio, A.）　50, 143

タラリコ（Talarico, J. M.）　96

ディステノ（DeSteno, D.）　87

デービス（Davis, J. I.）　158

戸田正直　57, 63

トムキンス（Tomkins, S.）　63

ニーデンサル（Niedenthal, P. M.）　152

ニーデンタール（Niedenthal, P. M.）　86

ニューマン（Newmann, R.）　147

バウマン（Baumann, J.）　87

バック（Buck, R.）　54, 63

バード（Bard, P.）　35

ハバッシュ（Havas, D. A.）　155, 158

パブロフ（Pavlov, I.）　3

パーペッツ（Papez, J.）　35

バーマイティンガー（Bermeitinger, C.）　157

バーモンド（Bermond, B.）　162

ハラリ（Harari, Y. N.）　6, 8

バルータル（Bar-Tal, D.）　137

バレット（Barrett, L. F.）　71, 76

パンクセップ（Panksepp, J.）　45, 61, 63

ファフ（Phaf, R. H.）　147

ファン（Hwang, H.S.）　168

フェルスター（Förster, J.）　145

フォア（Foa, E. B.）　88

ブラッドリー（Bradley, M.）　95

ブラニガン（Branigan, C.） 89

フリーセン（Friesen, W. V.） 67, 79, 150

フレドリクソン（Fredrickson, B. L.） 14, 89

ホール（Hall, E. T.） 126

ホーンマン（Hohmann, G. W.） 161

マスダ（Masuda, T.） 127

マックリーン（MacLean, P. D.） 35, 45, 46

マツモト（Matsumoto, D.） 168

メスキータ（Mesquita, B.） 122, 124

ラザルス（Lazarus, R. S.） 43

ラーセン（Larsen, B.） 156

ラッセル（Russell, J. A.） 17, 68, 71, 76

ラーナー（Lerner, J. S.） 99

ランゲ（Lange, C.） 33

ルドゥー（LeDoux, J.） 43, 48

ルービン（Rubin, D. C.） 96

レーベンソン（Levenson, R. W.） 150, 153

ワガナアー（Waganaar, W. A.） 92

渡辺弥生 132

事項索引

◆ 欧文・記号

EEG（脳波） 23

fMRI 23

◆ あ 行

愛着 54

アージ理論 56

あたかも（as-if）身体ループ 50

アフェクティブ・クオリティ 73, 74, 123

怒り 109

意思決定 50, 104

いじめ 130, 132, 134

一次評価 41

意味空間 68

インフォームド・コンセント 25

エンジニアリング 131

◆ か 行

解読規則 121

海馬 44

快・不快 60, 65, 69

覚醒 38

覚醒・睡眠 60, 65

覚醒度

感情エピソード 74, 75, 123

感情概念 75

感情喚起刺激 22

感情共有 8

感情語 65

感情混合 12

感情ストループテスト 88

感情調整 123

感情の社会的機能 19

感情の中枢起源説 142

感情の末梢起源説 142

感情のメタ体験 74, 123

感情反応 22

感情プロトタイプ 75

顔面血流説 36

顔面動作符号化システム（FACS） 66, 150

顔面フィードバック説 63, 154

記憶 92

索　引

—の再生　19
帰属されたアフェクト　73
規範　80
基本感情　3, 64, 67
基本感情説　60, 62, 68, 70, 75, 76, 80, 124
基本表情　67, 126
キャノン＝バード説　34, 44
教育現場　132, 137
教育プログラム　136
教育モデル　135
共感　144
虚偽実験　26
筋活動（EMG）　152, 167
軽蔑　109
原因帰属　99
嫌悪　109
言語　6
コア・アフェクト　72, 74, 123
コア・アフェクト説　71, 76, 115, 122
好奇心　55
攻撃行動　13, 109
高コンテキスト文化　126
高次経路　48
高次感情　54
向社会の感情　54
古典的感情理論　33, 37

◆さ　行
罪悪感　108
差別　130, 134
ジェームズ＝ランゲ説　33, 37
刺激　21
刺激評価照合　52, 78
次元説　64, 65, 68
自己意識的感情　19, 108
自己概念　52
自己評価的感情　110

指示的顔面動作課題　150
視床下部　35
視床前核　44
システマティック処理　100
システム 1　43, 100
システム 2　43, 100
実験操作　25
自伝的記憶　87
自閉症スペクトラム障害（ASD）　165
社会規範　108
社会的感情　19, 55, 109
社会的現象　52
社会的構成主義　124
社会的自己　107
社会的排斥　131, 134
社会的比較感情　110
シャーデンフロイデ　110
集団凝集性　8
羞恥　108
皺眉筋　37
周辺ルート説得法　100
主観的感情　72
主観的体験　17, 30, 33, 44, 71, 74, 115
条件づけ　3
新奇性　52
神経生理学　44
身体化された感情理論　148
身体化された認知・感情理論　143, 159
身体的動作　148
身体ループ　50
心的表象　19, 73, 124
新皮質　46
心理的構成主義　71, 76, 78, 81, 113, 115, 122, 124
ストループテスト　88
生態学的妥当性　26

生物学的感情　54
生物進化　3
生物的感情　55
生物的自己　107
生理反応　30, 44
脊髄損傷　161
接近・回避行動　116
説得　100
前頭前皮質　23
創造的思考　14
ソーシャル・エモーショナル・ラーニング　132
ソーシャルサポート　14
ソーシャル・スキル　132
ソマティック・マーカー説　50, 143

◆た　行
大頬骨筋　37
対処　79
対象　73
大脳基底核　46
大脳辺縁系　44
他者糾弾感情　108
探索感情　54
知覚　86
注意　88
中心ルート説得法　100
中枢起源説　35
中枢神経系　3
つり橋の実験　39
定義　114, 118
低コンテキスト文化　126
低次経路　48
ディブリーフィング　27
動機づけ　20
統合失調症　167
動作単位(AU)　78
逃走反応　47

闘争反応　47
道徳(的)感情　55, 107
道徳(的)判断　104, 135, 136

◆な　行
内側膝状体　48
内側前脳束　47
2 過程説　48
二次評価　41
乳頭体　44
2 要因説　38
認知　21, 115
認知革命　6
認知的感情　55
認知的評価理論　38, 40, 43, 68
認知評価(認知的ラベルづけ)　20, 37
認知プロセス　86
ネガティブ感情　5
脳　3
　─の三位一体説　45, 46
脳弓　44, 47
農業革命　8

◆は　行
媒介変数　14
排斥的行動　135, 136
発達相互作用論　51, 56
ハブ・サイエンス　163
パーペッツ回路　35, 44
パンクセップの基本感情　45
判断　98
反応時間　89
皮質感覚領域　49
非侵襲性　23
微表情訓練ツール　166, 168
皮膚電位反応　50
ヒューリスティクス　100
評価　79

索　引

評価次元　　65
評価理論　　124
表示規則　　121, 123
表出行動　　30, 44
表情　　63, 67, 68, 78, 120, 123, 127
表情筋　　66, 125
表面的妥当性　　26
広がりと生みだし理論　　14
不安　　88
腹内側前頭前野　　50
フラッシュバルブ記憶　　96
文化　　9, 126
文化規範　　108
文化心理学　　10, 126
文化的自己　　107
紛争　　134, 137
文脈　　114, 118, 121, 124, 126, 137
ヘイトスピーチ　　14, 110
偏見　　130, 134

扁桃体　　35, 44, 49
ペンホールディング法　　154
ポジティブ感情　　5
ボトックス　　157

◆ま　行
末梢起源説　　34, 36
ミラーリング　　146
無意味綴り　　87
目撃証言　　97

◆や　行
要素処理説　　51, 54, 80, 81
欲求（必要）　　20

◆ら　行
リソース（資源）　　14
ルール　　121
連合野　　49

著者紹介

今田 純雄
いま だ すみ お
(1, 4 章担当)

1983 年　関西学院大学大学院文学研究科心理学専攻
　　　　博士課程後期課程単位取得満期退学
現　在　広島修道大学健康科学部教授・同大学院人
　　　　文科学研究科教授

主な著書
動機づけと情動(現代心理学シリーズ 4)(編著, 培風館)
食行動の科学―「食べる」を読みとく(編著, 朝倉書店)

中村 真
なか むら まこと
(2, 3, 5 章担当)

1990 年　大阪大学大学院人間科学研究科博士後期課
　　　　程中退
現　在　宇都宮大学学術院(国際学部)教授

主な著訳書
微笑みのたくらみ(訳, 化学同人)
人はなぜ笑うのか―笑いの精神生理学
　　　　　　　　　　　　　(共著, 講談社ブルーバックス)

古満 伊里
ふる みつ い さと
(6 章担当)

1986 年　広島修道大学大学院人文科学研究科博士後
　　　　期課程中退
1999 年　トロント大学大学院博士課程修了, Ph.D.
現　在　広島修道大学健康科学部　教授

主な著書
あなたの知らない心理学(共著, ナカニシヤ出版)

Ⓒ 今田純雄・中村 真・古満伊里 2018

2018 年 5 月 11 日 　初 版 発 行

心理学の世界　基礎編 11

感情心理学

感情研究の基礎とその展開

著　者　今 田 純 雄
　　　　中 村 　 真
　　　　古 満 伊 里

発行者　山 本 　 格

発 行 所 株式
会社 培 風 館

東京都千代田区九段南 4-3-12・郵便番号 102-8260
電 話 (03)3262-5256(代表)・振 替 00140-7-44725

東港出版印刷・牧 製本

PRINTED IN JAPAN

ISBN 978-4-563-05877-7　C3311